新能源汽车专业"岗课赛证"融通活页式创新教材

新能源汽车电气技术

组编 行云新能科技（深圳）有限公司

主编 张立荣　刘旭东　干文丽

参编 吴立新　宋以庆　李建伟　陈其生　陈明福

　　　　唐传雄　朱建文　王　维　黄江源　沈晓杏

机械工业出版社

《新能源汽车电气技术》是针对新能源汽车相关专业"岗课赛证"要求编写的教材，主要内容包括电路图识读、灯光系统、刮水洗涤系统、暖风和空调系统、智能钥匙系统、组合仪表系统、电动助力转向系统、整车控制网络系统等方面的相关知识。全书以"做中学"为主导，以程序性知识为主体，配以必要的陈述性知识和策略性知识，重点强化"如何做"，将必要知识点穿插于各个"做"的步骤中，边学习、边实践，同时将"课程思政"融入课程的培养目标，在实训教学中渗透理论的讲解，使所学到的知识能够融会贯通，让学生具有独立思考、将理论运用于实践的动手能力，成为从事新能源汽车相关工作的高素质技能型专业人才。

　　本书内容通俗易懂，可作为职业院校新能源汽车运用与维修、新能源汽车技术、新能源汽车检测与维修技术等相关专业的教材，也可供从事本专业工作的工程技术人员参考。

图书在版编目（CIP）数据

新能源汽车电气技术 / 行云新能科技（深圳）有限公司组编；张立荣，刘旭东，干文丽主编. — 北京：机械工业出版社，2024.3（2025.7重印）

新能源汽车专业"岗课赛证"融通活页式创新教材

ISBN 978-7-111-75389-6

Ⅰ.①新… Ⅱ.①行… ②张… ③刘… ④干… Ⅲ.①新能源–汽车–电气系统–教材 Ⅳ.①U469.7

中国国家版本馆CIP数据核字（2024）第058065号

机械工业出版社（北京市百万庄大街22号　邮政编码100037）

策划编辑：谢　元　　　　　　　责任编辑：谢　元
责任校对：马荣华　张亚楠　　　封面设计：马精明
责任印制：单爱军
中煤（北京）印务有限公司印刷
2025年7月第1版第5次印刷
184mm×260mm·13.75印张·301千字
标准书号：ISBN 978-7-111-75389-6
定价：69.90元

电话服务　　　　　　　　　网络服务
客服电话：010-88361066　　机　工　官　网：www.cmpbook.com
　　　　　010-88379833　　机　工　官　博：weibo.com/cmp1952
　　　　　010-68326294　　金　书　网：www.golden-book.com
封底无防伪标均为盗版　机工教育服务网：www.cmpedu.com

新能源汽车专业"岗课赛证"融通活页式创新教材

丛书编审委员会

资源说明页

本书附赠 12 个富媒体资源。

获取方式：

1. 微信扫码（封底"刮刮卡"处），关注"天工讲堂"公众号。

2. 选择"我的"—"使用"，跳出"兑换码"输入页面。

3. 刮开封底处的"刮刮卡"获得"兑换码"。

4. 输入"兑换码"和"验证码"，点击"使用"。

通过以上步骤，您的微信账号即可免费观看全套课程！

首次兑换后，微信扫描本页的"课程空间码"即可直接跳转到课程空间，或者直接扫描内文"资源码"即可直接观看相应富媒体资源。

课程空间码

2020 年 10 月，国务院办公厅印发《新能源汽车产业发展规划（2021—2035 年）》，明确提出，深化"三纵三横"研发布局，提高创新能力。"三纵"是指纯电动汽车、插电式混合动力汽车、燃料电池汽车；"三横"是指动力电池与管理系统、驱动电机与电力电子、网联化与智能化技术，是新能源汽车的核心技术。在国家的产业规划与政策支持下，我国的新能源汽车产业蓬勃发展。2022 年 10 月，党的二十大报告指出，建设现代化产业体系。坚持把发展经济的着力点放在实体经济上，推进新型工业化，加快建设制造强国、质量强国、航天强国、交通强国、网络强国、数字中国。这为推动新能源汽车发展、助力实体经济指明了方向。

2023 年 7 月 3 日，随着一辆银色新能源汽车在广州驶下生产线，我国第 2000 万辆新能源汽车诞生，这标志着我国新能源汽车在产业化、市场化的基础上，迈入了规模化、全球化的高质量发展新阶段。从 1995 年我国第一辆新能源汽车"远望号"起步，到首个 1000 万辆的突破，历时 27 年；而从第 1000 万辆到第 2000 万辆下线，仅用时 17 个月。时间和数字的变化，展示了我国新能源汽车崛起的加速度，勾勒出我国汽车产业高质量发展轨迹。汽车被誉为"现代工业皇冠上的明珠"，是公认最能体现国家制造实力的重要标志之一。在燃油车时代，中国汽车工业努力从旁观者变成了参与者。随着百年汽车迈向电动化、智能化、网联化和共享化的"新四化"的新征程，我国敏锐捕捉全球汽车产业转型升级和绿色发展的主要方向，以前瞻性的战略判断和提前布局，成为新能源汽车领域的领跑者。

根据公安部统计，截至 2024 年底，我国新能源汽车保有量达 3140 万辆，呈高速增长态势，但售后维修领域的人才培养速度并没有跟上前端产业的发展。目前，我国有 50 万家汽车修理厂，真正能够维修新能源汽车的，还不到 1 万家。从事新能源汽修的技师，不仅要掌握维修原理，还必须要持有汽车维修工证和电工证。因此，传统燃油汽车的修理厂基本无法维修新能源汽车。《制造业人才发展规划指南》显示，到2025年，节能与新能源汽车的人才总量预计达到120万人，但人才缺口预计可达103万人。

比亚迪拥有一系列的核心技术，比如电池、电机、电控以及车身结构等技术，在燃料电池、氢能等领域，比亚迪也走在了行业的前列。2022年比亚迪新能源汽车销量186.3万辆，位居全球新能源汽车销量第一。行云新能作为搭接产业和教育的桥梁，自2015年就与比亚迪在院校中开展校企合作，最早将比亚迪新能源汽车技术、产品和人才培养标准引入院校中，并与比亚迪一起参与《汽车维修业经营业务条件 第1部分：汽车整车维修企业》《新能源汽车维修维护技术要求》两项国家标准制定。为解决新能源汽车行业人才短缺的现状，行云新能以比亚迪等新能源汽车企业技术、产品和岗位需求为根本，结合比亚迪的生产制造、检测维修、辅助研发设计等核心岗位的技能要求，开发出中—高—本（高技能）衔接的"新能源汽车全产业链人才培养技能树"，构建"岗课赛证"的综合育人体系，并以比亚迪"油转电"训练体系为基础，建立新能源汽车技能训练工作站培训体系，多元化解决新能源汽车售后维修领域人才短缺的难题。

为了响应高速发展的新能源汽车产业对素质高、专业技术全面、技能熟练的大国工匠、高技能人才的迫切需求，为了响应《国家职业教育改革实施方案》提出的"建设一大批校企'双元'合作开发的国家规划教材，倡导使用新型活页式、工作手册式教材并配套开发信息化资源"的倡议，行云新能科技（深圳）有限公司联合中职、高职、本科、技工技师类院校中具有丰富教学实践经验的汽车专业教师与比亚迪汽车工业有限公司合作，历时两年，共同完成了"新能源汽车专业'岗课赛证'融通活页式创新教材"的编写工作。

结合目前新能源汽车专业教材的设置特点，"新能源汽车专业'岗课赛证'融通活页式创新教材"包括《新能源汽车电学基础与高压安全》《新能源汽车构造》《新能源汽车电机及控制系统检修》《新能源汽车动力电池及管理系统检修》《新能源汽车电气技术》《新能源汽车充电技术》《新能源汽车保养与故障诊断技术》共七本。

多年的教材开发经验、教学实践经验、产业端工作经验使我们深切地感受到，教材建设是专业建设的基石。为此，本系列教材力求突出以下特点：

1）以学生为中心。活页式教材具备"工作活页"和"教材"的双重属性，这种双重属性直接赋予了活页式教材在装订形式与内容更新上的灵活性。这种灵活性使得教材可以依据产业发展及时调整相关教学内容与案例，以培养学生的综合职业能力为总目标，其中每一个能力模块都是完整的行动任务。按照"以学生为中心"的思路进行教材开发设计，将"教学资料"的特征和"学习资料"的功能完美结合，使学生具备职业特定技能、行业通用技能以及伴随终身的可持续发展的核心能力。

2）以职业能力为本位。在教材编写之前，我们全面分析了新能源汽车的整车设计端、制造端、销售端、售后服务端这四个产业端，根据新能源汽车企业对机电维修工、新车销售顾问、售后服务顾问、质检工程师等岗位的能力要求，对职业岗位进行能力分解，提炼出完成各项任务所应具备的知识和能力。以此为基础进行教材内容的选择和结构设计，学以致用，实现人才培养与社会需求的无缝衔接，真正体现工学结合的本质特征。同时，在内容设置方面，还尽可能与国家及行业相关技术岗位职业资格标准衔接，力求符合职业技能鉴定的要求，为学生获得相关的职业认证提供帮助。

3）以学习成果为导向。新能源汽车内含多个系统，涉及维护、保养、检修、更换、标定等多种工作任务，这使得相关专业的学生在学习过程中往往会感到无从下手。我们利用了活页式教材的特点来解决此问题。活页式教材是一种以模块化为特征的教材形式，它将一本书分成多个独立的模块，以某种顺序组合在一起，从而形成相应的教学逻辑。教材的每个模块都可以单独制作和更新，便于保持内容的时效性和精准性。通过发挥活页式教材的特点，我们将实际工作所需的理论知识与技能相结合，以工作过程为主线，便于学生在实际的操作过程中掌握工作所需的技能和加深对理论知识的认知。

总体而言，本系列活页式教材以学生为中心，以职业能力为本位，以学习成果为导向，让学生在教师指导下经历完整的工作过程，创设沉浸式教学环境，并在交互体验的过程中建构专业知识，训练专业技能，从而促进学生自主学习能力的提升。在学习任务中，以学习目标、知识索引、情境导入、任务分组、工作计划、进行决策、任务实施、评价反馈等环节为主线，帮助学生在动手操作和了解行业发展的过程中领会团结合作的重要性，培养执着专注、精益求精、一丝不苟、追求卓越的工匠精神。在每个能力模块中引入了拓展阅读，将爱党、爱国、爱业、爱史与爱岗教育融入课程中。为满足"人人皆学、处处能学、时时可学"的需要，本系列活页式教材还搭配了微课等数字化资源辅助学生学习。

虽然本系列教材的编写者在新能源汽车应用型人才培养的教学改革方面进行了一些有益的探索和尝试，但由于水平有限，教材中难免存在错误或疏漏之处，恳请广大读者给予批评指正。

丛书编委会

前　言

党的二十大报告提出："统筹职业教育、高等教育、继续教育协同创新，推进职普融通、产教融合、科教融汇，优化职业教育类型定位。"产教融合是培养新能源汽车产业端所需的素质高、专业技术全面、技能熟练的大国工匠、高技能人才的重要方式，也是本教材体系建设的重要依据。

2007 年，国家发展改革委发布了《产业结构调整指导目录（2007 年本）》，新能源汽车正式进入发展改革委的鼓励产业目录。也正是从 2007 年开始，国内关于发展新能源汽车的呼声越来越高。乘着奥运会为新能源汽车带来的东风，2009 年 1 月，科技部、财政部、国家发展改革委、工业和信息化部共同启动了"十城千辆"工程，通过提供财政补贴，计划用 3 年左右的时间，每年发展 10 个城市，每个城市推出 1000 辆新能源汽车开展示范运行，涉及这些大中型城市的公交、出租、公务、市政、邮政等领域，力争使全国新能源汽车的运营规模到 2012 年占到汽车市场份额的 10%。2010 年 5 月 31 日，财政部、科技部、工业和信息化部、国家发展改革委联合印发了《关于开展私人购买新能源汽车补贴试点的通知》，论证后对符合条件的城市开展私人乘用车的试点，对购买插电式混合动力汽车和纯电动汽车的车主予以补贴。在政策的大力支持下，我国的新能源汽车产业蓬勃发展，新能源汽车产销量飞速增加。中国汽车工业协会公布的产销数据显示，2015 年新能源汽车生产 340471 辆，销售 331092 辆，跃居世界第一。2020 年 9 月，我国新能源汽车生产累计突破了 500 万辆，实现了《节能与新能源汽车产业发展规划（2012—2020 年）》中提出的目标。2022 年 2 月，我国新能源汽车生产累计突破了 1000 万辆。2023 年 7 月 3 日，我国第 2000 万辆新能源汽车在广州正式下线。从 2009 年的"十城千辆"工程到第 1000 万辆新能源汽车的下线，我国用时 13 年，从第 1000 万辆新能源汽车下线到第 2000 万辆新能源汽车下线，我国仅用了 1 年零 5 个月的时间。新能源汽车产业的飞速发展也带来了人才紧缺的问题，教育部、人力资源和社会保障部、工业和信息化部 2016 年联合发布的《制造业人才发展规划指南》指出，到 2025 年，节能与新能源汽车的人才总量预计达到 120 万人，但人才缺口预计可达 103 万人，其中，新能源汽车维修领域将面临80%的人才空白。为了缓解新能源汽车领域的人才紧缺问题，开设新能源汽车运用与维修、新能源汽车技术、新能源汽车检测与维修技术等新能源汽车相关专业的职业院校越来越多，为了融合信息技术、贴合产业发展，促进中职、高职、职教本科类院校汽车类专业建设，特开发本教材。

本教材围绕新能源汽车相关专业"岗课赛证"综合育人的教育理念与教学要求，基于"学生为核心、能力为导向、任务为引领"的理念编写。在对新能源汽车技术人才岗位特点、1+X职业技能等级证书和"校—省—国家"三级大赛体系进行调研的基础上，分析出岗位典型工作任务，进而创设真实的工作情景，引入企业岗位真实的生产项目，强化产教融合深度，从而构建整套系统化的课程体系。

全书分为掌握新能源汽车电路图识读方法、掌握灯光系统和刮水洗涤系统知识及信号测量方法、掌握暖风和空调系统知识及信号测量方法、掌握智能钥匙系统知识及信号测量方法、掌握组合仪表系统知识及信号测量方法、掌握电动助力转向系统知识及信号测量方法、掌握整车控制网络系统知识及信号测量方法这7个能力模块并下设14个任务。

能力模块		理论学时	实践学时	权重
能力模块一	掌握新能源汽车电路图识读方法	6	6	12.5%
能力模块二	掌握灯光系统和刮水洗涤系统知识及信号测量方法	4	8	12.5%
能力模块三	掌握暖风和空调系统知识及信号测量方法	4	10	14.6%
能力模块四	掌握智能钥匙系统知识及信号测量方法	4	8	12.5%
能力模块五	掌握组合仪表系统知识及信号测量方法	4	10	14.6%
能力模块六	掌握电动助力转向系统知识及信号测量方法	6	12	18.8%
能力模块七	掌握整车控制网络系统知识及信号测量方法	4	10	14.5%
总计		32	64	100%

本书由淄博职业学院张立荣、营口职业技术学院刘旭东、常州交通技师学院干文丽主编；行云新能科技（深圳）有限公司吴立新、淄博职业学院宋以庆、淄博职业学院李建伟、泉州职业技术大学陈其生、泉州职业技术大学陈明福、百色职业学院唐传雄、常州交通技师学院朱建文、常州交通技师学院王维、田东职业技术学校黄江源、田东职业技术学校沈晓杏参与编写。

由于编者水平有限，本书内容深度和广度难免存在欠缺，欢迎广大读者予以批评指正。

编　者

活页式教材使用注意事项

01 根据需要，从教材中选择需要夹入活页夹的页面。

02 小心地沿页面根部的虚线将页面撕下。为了保证沿虚线撕开，可以先沿虚线折叠一下。注意：一次不要同时撕太多页。

03 选购孔距为80mm的双孔活页文件夹，文件夹要求选择竖版，不小于B5幅面即可。将撕下的活页式教材装订到活页夹中。

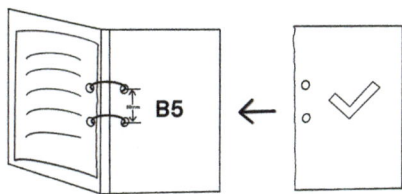

04 也可将课堂笔记和随堂测验等学习资料，经过标准的孔距为80mm的双孔打孔器打孔后，和教材装订在同一个文件夹中，以方便学习。

温馨提示：在第一次取出教材正文页面之前，可以先尝试撕下本页，作为练习

目　录

新能源汽车电气技术

新能源汽车电气技术

能力模块一

掌握新能源汽车电路图识读方法

任务一

了解电路图的基本组成和元件识别

⏻ 学习目标

- 掌握电路图的基本组成。
- 掌握各种电路元件外观和符号。
- 掌握汽车电路元件检修的注意事项。
- 掌握汽车线束的维护事项。
- 具备识别比亚迪秦EV实车各电路元件和线束的能力。
- 了解实训中可能存在的安全问题，明确职业道德中的敬业精神在实际操作中的重要性。

⊟ 知识索引

```
                            ┌ 电路图的基本组成 ─┬─ 汽车电路的组成
                            │                  ├─ 汽车电路图的分类
                            │                  └─ 汽车电路图形符号
                            │
                            ├ 电路元件识别 ─────┬─ 汽车导线、插接器及线束
了解电路图的基本组成 ───────┤                  └─ 汽车开关、电路保护元件及继电器
和元件识别                  │
                            ├ 汽车电路元件的检修 ┬─ 导线的检修
                            │                  ├─ 插接器的维修
                            │                  └─ 继电器的检查
                            │
                            └ 汽车线束的维护
```

📖 情境导入

　　在进行新能源汽车故障排查时，通常需要分析电路图，并在车辆上找到相关组件和线束的位置才能进行测量与判断。那么如何识读汽车电路图的电路元件呢？如何在实车上找出熔丝、继电器、配电盒、控制单元及各种线束的位置呢？如果你作为新能源汽车维修技师，你将如何培训初学者呢？

📨 获取信息

❓ 引导问题 1

请查阅相关资料，简述什么是汽车电路。

_____

_____

_____

❓ 引导问题 2

请查阅相关资料，简述汽车电路的基本组成。

_____

_____

_____

❓ 引导问题 3

请查阅相关资料，简述汽车电路图的类型。

_____

_____

_____

❓ 引导问题 4

请查阅相关资料，简述汽车电路图形符号有哪几类，并一一列举进行说明。

_____

_____

_____

电路图的基本组成

一、汽车电路的组成

汽车电路即汽车用电设备的通路，是指根据用电设备的工作特性及相互间的关系用导线和车体连接成电流的通路，构成一个完整的供、用电系统。汽车电路一般由电源、用电设备、电路控制装置、电路保护装置和导线组成，如图 1-1-1 所示。

1.电源

电源向汽车电气设备提供低压直流电能，以保证汽车在行驶中和停车时都能正常工作。汽车上装有 2 个电源，即蓄电池和发电机，在新能源汽车上有蓄电池和 DC-DC

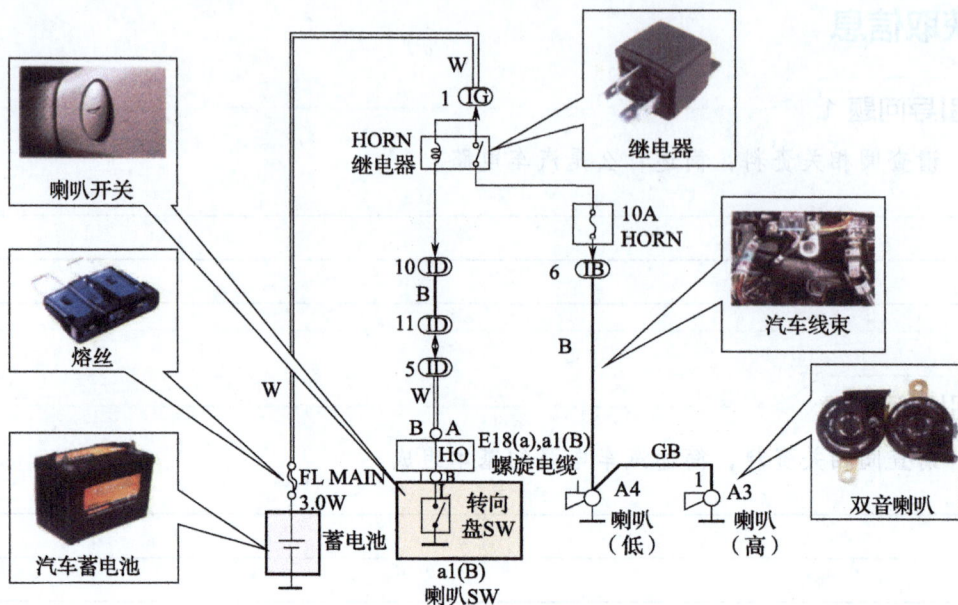

图 1-1-1　汽车电路的基本组成

变换器或 BSG 电机及控制器。

2. 用电设备

用电设备又称负载。它包括电机、电磁阀、灯泡、仪表、各种电子控制器件和部分传感器等。

3. 电路控制装置

除了传统的各种手动开关、压力开关、温控开关外，现代汽车还大量使用电子控制器件，包括简单的电子模块（如电子式电压调节器等）和微电脑形式的电子控制单元（如发动机电控单元、自动变速器电控单元等）。电子控制器件和传统开关在电路上的主要区别是电子控制器件需要单独的工作电源及需要配用各种形式的传感器。

4. 电路保护装置

电路保护装置主要有熔丝（俗称保险丝）、手动维修开关（MSD）、熔断器、电路断电器及易熔线等，其功能是在电路中起保护作用。当电路中流过超过规定的电流时电路保护装置切断电路，防止烧坏电路连接导线和用电设备，并把故障限制在最小范围内。

5. 导线

导线用于将以上各种装置连接起来构成电路。此外，汽车通常用车体代替部分从用电器返回电源的导线。

二、汽车电路图的分类

汽车电路图反映的是汽车电气系统的组成、工作原理和相互间的联系以及具体的安装位置，是采用国家、厂家标准规定的图形符号、文字符号和规定的画法，对汽车电气系统的组成、工作原理及相互间的关系、安装位置等做出图解说明的电气文件。因此，汽车电路图在汽车设计、制造、维修过程中是不可缺少的技术资料和工具，尤其在汽车维修中更是起到指导性的作用，为故障的查找、分析、排除提供便利。

现代汽车电路图的种类繁多，电路图因车型不同，也存在着一定的差别，但是根据其不同特点和用途可归纳分为接线图、线束图、插接件端子定义图、原理框图和电气原理图等。

1. 接线图

接线图是一种专门用来标记接线与插接器的实际位置、色码、线型等信息的指示图，又称敷线图，体现了汽车电器实际的情况。接线图专门用于检修时查寻线束走向、线路故障及线路复原，并不涉及所连接电器的工作原理及型号。虽然接线图中的导线以接近于线束的形式从相应的连接点引出，便于维修时按线按色查找线路故障，但却不便于进行电路分析。由于许多车型所附的电气线路图为接线图，因此掌握接线图的读法和分析方法，会对汽车电路中线路故障的查寻有很大帮助。接线图可以是整车电路的接线图，也可以是各系统的接线图，图 1-1-2 所示为比亚迪海豚纯电动轿车高压系统的部分接线图。

与汽车接线图类似的还有汽车布线图，图 1-1-3 所示是比亚迪海豚仪表配电线束布线示意图。布线图主要表明的是线束与各电器的连接部位、接线柱的标记、插接器的形状位置等。它是人们在汽车上实际接触到的汽车电路图。这种图一般不会详细描绘线束内部的线路走向，只将裸露在线束外的接头与插接器进行详细编号或用字母标记，是一种突出装配记号的电路表现形式，便于安装、配线、检测与维修。

2. 线束图

线束图属于安装图，是根据电气设备在汽车上的实际安装位置、线束分段以及各分支导线端口的具体连接情况而绘制的电路图。线束图注重表达的是已制成的线束外形及组成线束的各导线的规格大小、长度和颜色，突出接线端的序号以及各分支端口所连接的电气设备的名称等，便于安装、配线、检测与维修。线束图与布线图相似，但更加简洁明了，接近实际，对使用、维修实用性更强，如图 1-1-4 所示。

3. 原理框图

新能源汽车电气原理框图是表示汽车电气系统、高压系统、部件中各项目的基本组成和相互关系的一种简图，图 1-1-5 所示为比亚迪海豚车型整车网络拓扑图。原理框图一般采用方框和连线来表示比较复杂的电子电路工作原理和构成概况，将电路按照功能划分为几个部分，每个部分用方框来描绘，在方框中用文字简单说明，方框与方框之间用连线来说明各方框之间的联系，能直观地表达一个功能方框在电路中的作用。

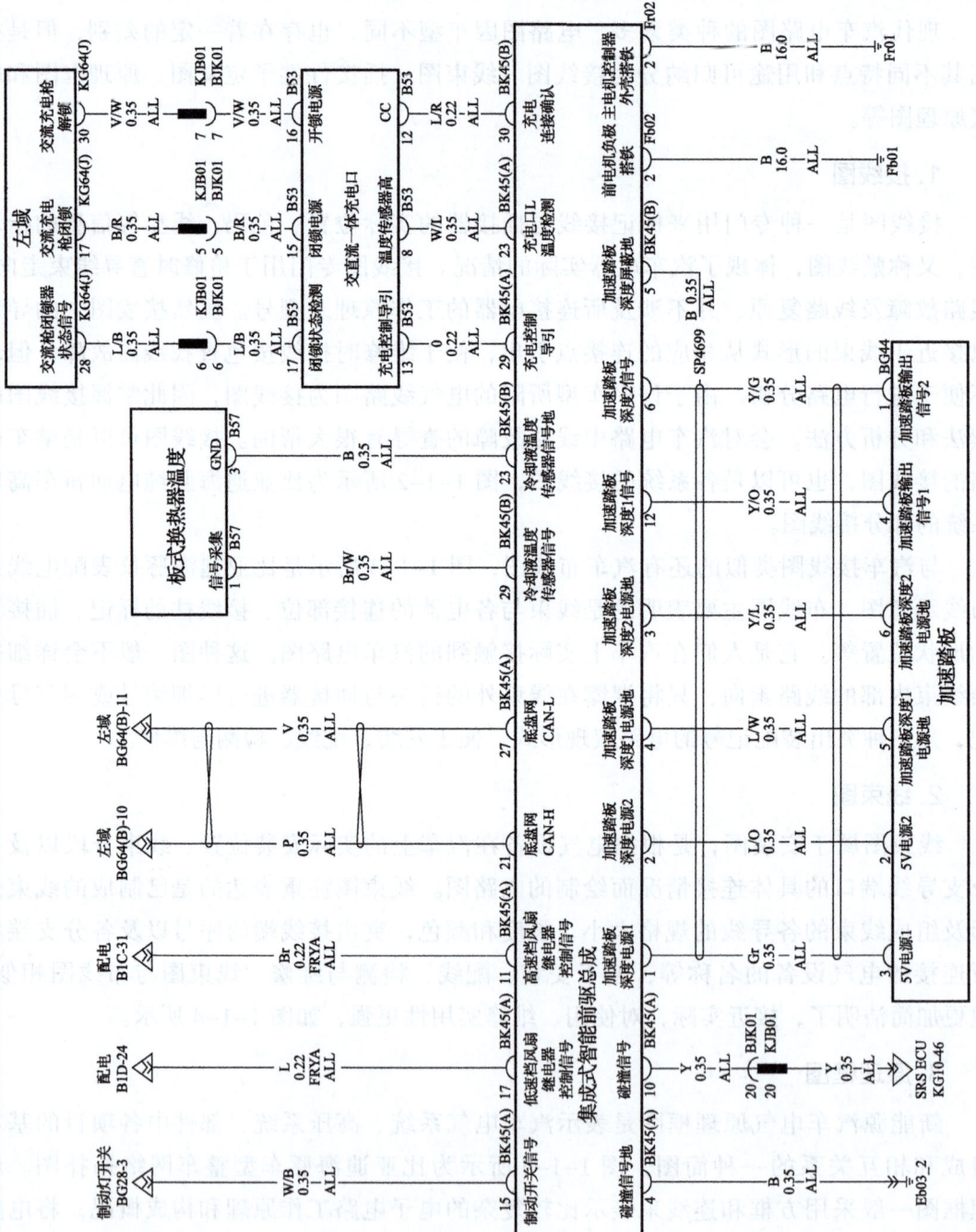

图 1-1-2　比亚迪海豚纯电动轿车高压系统部分接线图

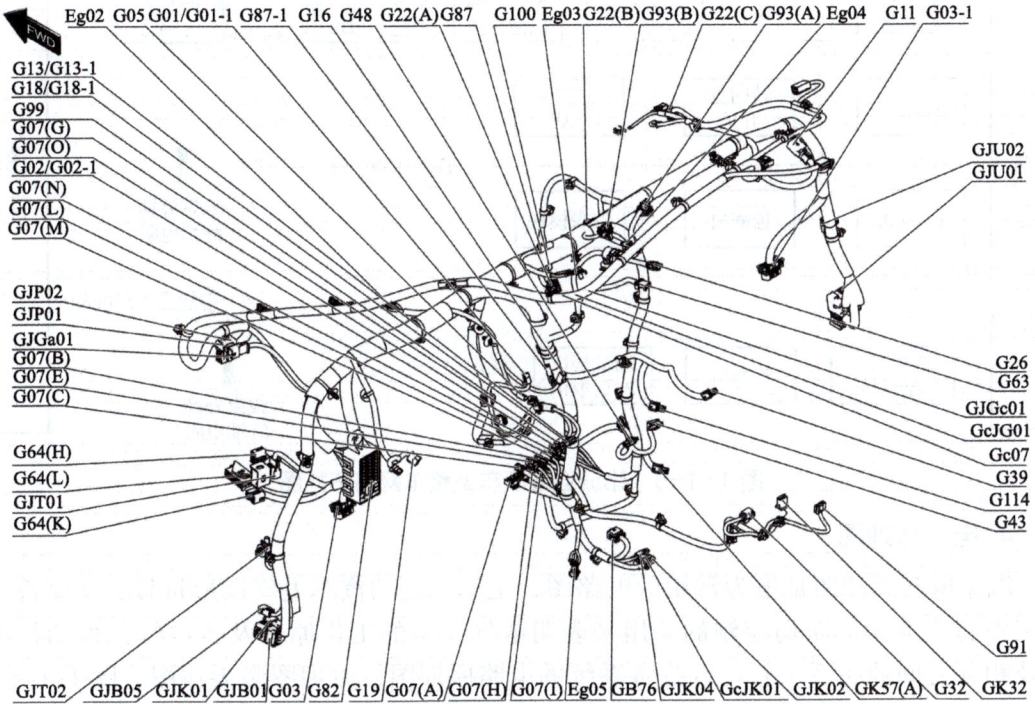

图 1-1-3　比亚迪海豚仪表配电线束布线图

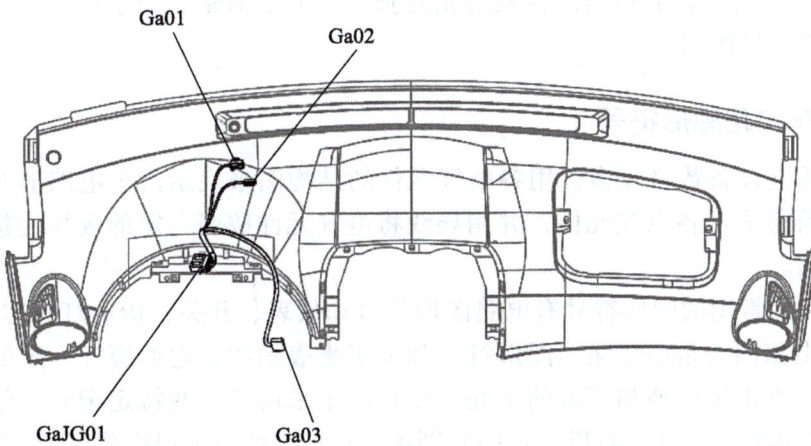

图 1-1-4　汽车线束与元件位置分布图

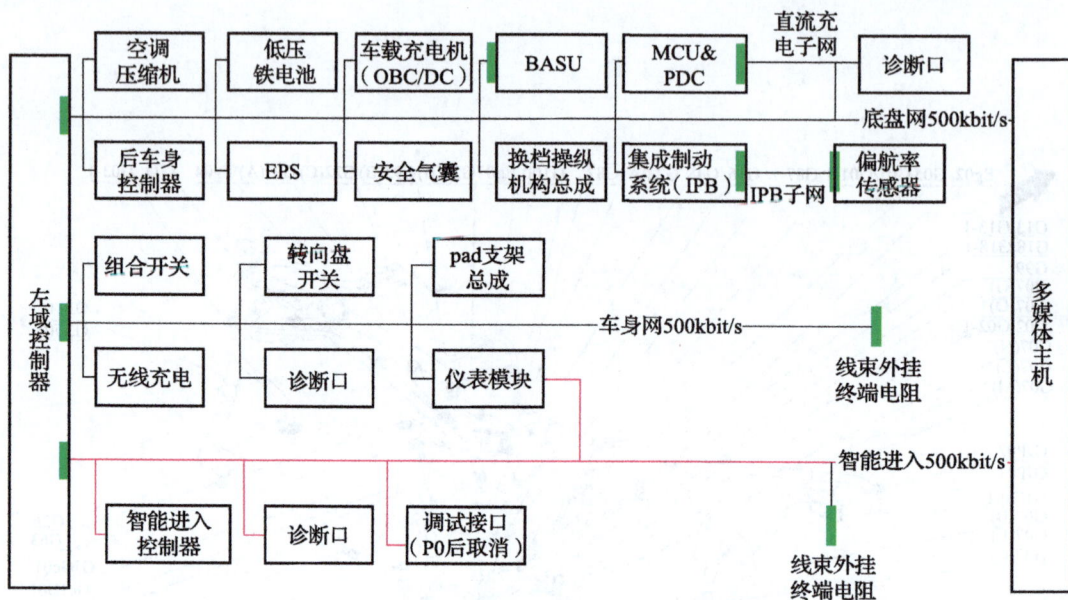

图 1-1-5　比亚迪海豚车型整车网络拓扑图

4. 电气原理图

汽车电气原理图是最为常用的电路图，是用规定的汽车电气图形符号、文字符号，按工作特点或功能布局绘制的，用来表明电气设备的工作原理及各电气元件的作用，以及相互之间的关系。它可以是各系统的电路原理图，原理图多为详图，图 1-1-6 所示为比亚迪海豚车型高压系统原理图。汽车电气原理图一般由主电路、控制电路、保护装置、配电电路等几部分组成，电流走向清晰，线路布局合理，各系统与元件依据工作原理与相互的关联来布局，各系统相对独立，简洁清楚，便于识读，为分析、查找、排除故障提供依据。

三、汽车电路图形符号

汽车上用电设备数量较多，用各电气元件的结构图来表示汽车电路非常复杂。因此，通常用符号表示各电气元件，并用导线将电气元件按照一定的规律连接起来，形成汽车电路图。

汽车电路中常用的图形符号有电路图形符号和仪表、开关、指示灯标志图形符号。所有的汽车电路图均是由线条、图形符号和文字来表示的，它们遵守一定的规则和约定，但各种车型由于产地和厂家的不同，而在图中采用了一些特定记号，学习和掌握汽车电路的基本标注方法，有助于正确判别接点标记、线型（规格截面）、色码标志等代码信息。汽车电路图形符号简明扼要，含义准确，比较标准和规范，目前在汽车电路图中得到了广泛的应用。

具体的电路图形符号和仪表、开关、指示灯标志图形符号的含义可以参阅厂家维修资料，下面列举一部分汽车电路图形符号，见表 1-1-1~ 表 1-1-7。

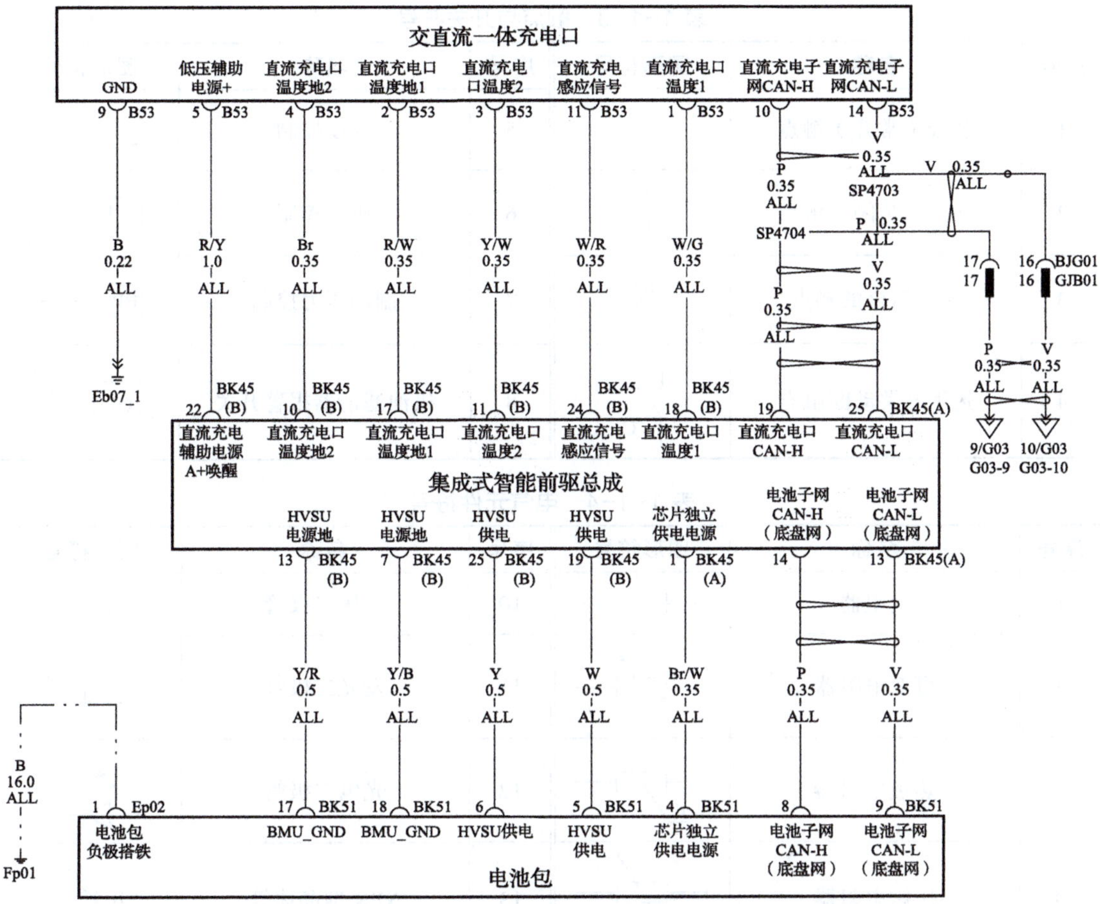

图 1-1-6　比亚迪海豚车型高压系统原理图

表 1-1-1　常用的基本符号

序号	名称	图形符号	序号	名称	图形符号
1	直流	—	6	中性点	N
2	交流	~	7	磁场	F
3	交直流	⌒̱	8	搭铁	⊥
4	正极	+	9	交流发电机输出接线柱	B
5	负极	−	10	磁场二极管输出端	D+

表 1-1-2　导线、端子和导线的连接符号

序号	名称	图形符号	序号	名称	图形符号
1	接点	●	6	插头和插座	―◁■
2	端子	○	7	接通的连接片	―⊂⊃―
3	导线的分支连接	⊤	8	断开的连接片	―⊂ ⊃―
4	导线的交叉连接	＋	9	屏蔽导线	⌐⌐⌐
5	导线的跨越	⌒			

表 1-1-3　触点与开关符号

序号	名称	图形符号	序号	名称	图形符号
1	动合（常开）触点		5	温度控制	t -----
2	动断（常闭）触点		6	压力控制	p -----
3	先断后合的触点		7	制动压力控制	BP -----
4	热敏开关动断触点	t℃	8	机油滤清器报警开关	OP -----

表 1-1-4　电气元件符号

序号	名称	图形符号	序号	名称	图形符号
1	电阻器		10	稳压二极管	
2	可变电阻器		11	发光二极管	
3	热敏电阻器	$t°$	12	光电二极管	
4	压敏电阻器	U	13	NPN 型晶体管	
5	滑动触点电阻器		14	PNP 型晶体管	
6	电容器		15	电感线圈、绕组、扼流圈	
7	可变电容器		16	带磁性的电感器	
8	电解电容器		17	熔断器	
9	半导体整流二极管		18	易熔线	

表 1-1-5　仪表符号

序号	名称	图形符号	序号	名称	图形符号
1	电压表	(V)	2	电流表	(A)

（续）

序号	名称	图形符号	序号	名称	图形符号
3	欧姆表	Ω	7	燃油表	Q
4	油压表	OP	8	速度表	v
5	转速表	n	9	电钟	
6	温度表	$t°$	10	数字式电钟	

表 1-1-6　传感器符号

序号	名称	图形符号	序号	名称	图形符号
1	温度传感器	$t°$	8	空气流量传感器	AF
2	空气温度传感器	$t°a$	9	氧传感器	λ
3	冷却液温度传感器	$t°w$	10	爆燃传感器	K
4	燃油表传感器	Q	11	转速传感器	n
5	油压表传感器	OP	12	速度传感器	v
6	空气质量传感器	m	13	空气压力传感器	AP
7	燃油滤清器积水传感器	W	14	制动压力传感器	BR

表 1-1-7　汽车电气设备符号

序号	名称	图形符号	序号	名称	图形符号
1	照明灯、信号灯、仪表灯、指示灯		6	闪光器	G
2	双丝灯		7	电磁阀一般符号	
3	荧光灯		8	天线一般符号	
4	组合灯		9	传声器一般符号	
5	扬声器		10	点火线圈	

（续）

序号	名称	图形符号	序号	名称	图形符号
11	分电器	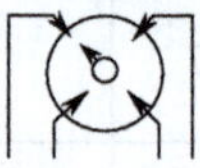	15	集电环或换向器上的电刷	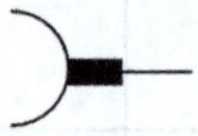
12	火花塞		16	直流电机	 $\underline{M}$
13	电压调节器	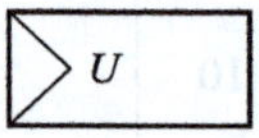 U	17	燃油泵电机洗涤电机	 $\underline{M}$
14	串励绕组		18	蓄电池	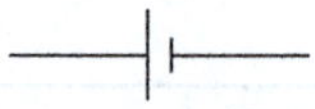

引导问题5

请查阅相关资料，简述汽车电气线路中的导线包括哪些。

_____

_____

_____

引导问题6

请查阅相关资料，简述汽车开关有哪些类型。

_____

_____

_____

电路元件识别

一、汽车导线、插接器及线束

汽车导线、插接器及线束的说明，见表1-1-8。

表1-1-8　各汽车导线、插接器及线束的说明

名称	实物图	说明
普通低压导线	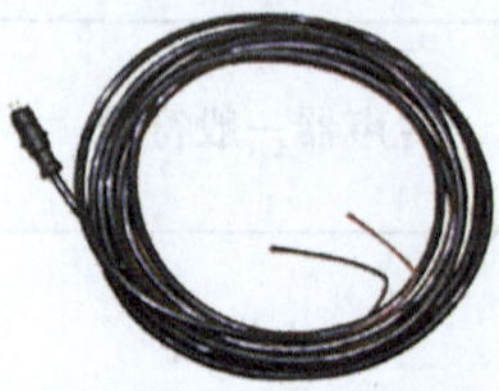	铜质多股软线，根据导线外皮绝缘包层材料的不同又分为QVR型（聚氯乙烯绝缘包层）和QFR型（聚氯乙烯－丁腈复合绝缘包层）两种

（续）

名称	实物图	说明
起动电缆		起动电缆是带绝缘包层的大截面积铜质或铝质多股软线，连接蓄电池正极与起动机"30"电源端子，横截面积有 $25mm^2$、$35mm^2$、$50mm^2$、$70mm^2$ 等多种规格，允许电流高达 500~1000A。为了保证起动机正常工作并能产生足够的驱动力矩，要求起动线路上每1A电流产生的压降不得超过 0.1~0.15V。所以，起动电缆的横截面积比普通低压导线的横截面积大得多
搭铁电缆		蓄电池搭铁电缆又称搭铁线，常用的有两种：一种是铜丝编织成的扁形软铜线，另一种外形同起动电缆，覆有绝缘层。搭铁电缆常用于蓄电池与车架、车架与车身、发动机与车架等总成之间的连接。国产汽车常用的搭铁线长度有 300mm、450mm、600mm、760mm 四种规格
屏蔽线		屏蔽线又称同轴射频电缆，其作用是将导线与外界磁场隔离，避免导线受外界磁场的影响而产生干扰。在导线绝缘层中带有金属的纺织网和套装护套。屏蔽线常用于氧传感器信号电路、曲轴位置传感器电路等低压弱信号电路中
高压电缆		高压电缆用来传送电池包输出的高电压、大电流。由于新能源汽车负载端的工作电压高、电流大（一般都在 300V、100A 以上），高压电缆采用双绝缘层加屏蔽层设计。屏蔽层用来防止新能源汽车大电流充放电时的电磁干扰。根据高压部件的功能，高压电缆可分为动力电池高压母线、电机三相电缆、直流充电高压电缆等
插接器		为了便于接线，汽车线束中各导线端头均焊有接线卡，并在导线与接线卡连接处套以绝缘管，经常拆卸的接线卡一般为开口式，而拆卸机会少的接线卡则常采用闭口式
汽车线束		为了使全车线路不凌乱、安装方便和导线绝缘层不至于损坏，除高压线、收音机天线、蓄电池电缆以外，一般都将同区域的不同规格的导线用棉纱编织成线束或用薄聚氯乙烯带半叠缠绕包扎成线束

1. 导线

汽车电气线路中的导线分为低压线和高压线两种。低压线包括普通导线、起动电缆、搭铁电缆、屏蔽编织线，高压线包括多股铜芯线和阻尼线。

（1）低压线　普通低压线的截面积主要根据用电设备的工作电流大小进行选择，对于功率很小的用电设备，如果仅根据工作电流大小来选择导线，有些导线由于其截面积太小、机械强度较低，容易折断，因此汽车电气线路中所用的导线截面积最小不得小于$0.5mm^2$。我国汽车低压导线的允许负荷电流见表1-1-9，汽车12V电气系统主要电路导线横截面积的推荐值见表1-1-10。

表 1-1-9　汽车低压导线允许负荷电流

导线标称横截面积 /mm²	允许负荷电流 /A
0.35	—
0.5	—
0.75	—
1.0	9
1.5	13.5
2.5	22.5
4.0	25
6.0	35
10	50
16	100
25	100
35	161

表 1-1-10　汽车 12V 电气系统主要电路导线横截面积的推荐值

电路名称	标准横截面积 /mm²
尾灯、顶灯、指示灯、仪表灯、牌照灯、刮水器电机、时钟等	0.5
转向灯、制动灯、停车灯、分电器等	0.8
前照灯的近光、电喇叭（3A 以下）等	1.0
前照灯的远光、电喇叭（3A 以上）等	1.5
其他 5A 以上的电路	1.5~4
仪表配电模块 / 电动空调压缩机 /PTC 加热器（高压线）	6
电源线	35
动力电池高压母线（高压线）	35
驱动电机控制高压母线（高压线）	50
直流充电桩	70

随着汽车电器的增多，导线数量也不断增加。为了便于维修，低压导线常用不同颜色来区分。其中，导线横截面积在 $4mm^2$ 以上的采用单色线，而横截面积在 $4mm^2$ 以下的采用双色线，搭铁线均采用黑色导线。汽车用线色标准见表1-1-11。

表 1-1-11　汽车用低压导线的颜色与代码

代码	B	L	Br	G	Gr	Lg	O	P	R	V	W	Y
颜色	黑	蓝	棕	绿	灰	浅绿	橙黄	粉红	红	紫	白	黄

在汽车电气线路中，导线上一般都标有数字和字母符号，用来表示导线的横截面积和颜色，如 2.0RY、1.0RW 等。其中数字 2.0、1.0 表示导线的横截面积，单位为 mm^2；第一个字母 R 表示导线主色（标准色），第二个字母 Y 或 W 表示导线的辅助颜色，即轴向条纹状或螺旋状的颜色，如图 1-1-7 所示。

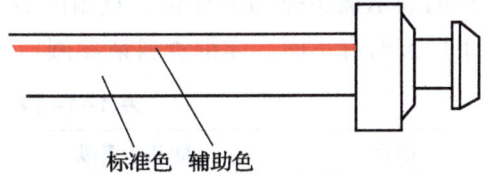

标准色　辅助色

图 1-1-7　汽车导线颜色的识别

（2）高压线　高压线在设计方面，考虑到电磁干扰的因素，整个高压系统的电缆线均由屏蔽层全部包覆。目前所有的新能源汽车的高压线都采用屏蔽高压线，并且高压线的屏蔽层都安装在车身上。由于新能源汽车的工作电压已经超出人体安全电压，高压系统的负极端不能像低压系统一样作为整车搭铁点，因此在高压线束系统的设计上，直流高压电回路必须严格执行双线制。根据不同高压部件的工作特性，一般以动力电池为中心对高压线束进行划分，可分为动力电池高压母线、电机三相电缆、充电高压线等。动力电池高压母线一般是连接动力电池和高压配电箱的高压线；电机三相电缆一般是连接电机控制器和驱动电机的高压线；充电高压线一般是连接交流/直流充电口与充配电总成的高压线。随着新能源汽车技术的发展，驱动电机、电机控制器以及减速器集成在一起，现在很多新能源汽车的电机三相高压电缆已经取消了。

高压线束耐压与耐温等级的性能远高于低压线束，其在耐压、耐流、耐温等方面有以下要求：

①耐压性能：新能源汽车的高压部件耐压 1000V。

②耐流性能：根据高压系统部件的电流量，可达 400A。

③耐温性能：耐高温等级分为 125℃、150℃、200℃不等，常规选择 150℃导线；低温常规选择 -40℃导线。

高压导线的直径在设计时需要综合考虑以下几方面：

①负载回路的额定电流值。

②电线导体的容许温度。

③线束工作时周围环境的温度。

④导线自身通电时温度上升引起的通电率降低。

⑤成捆线束容许电流的折减系数。

⑥电线容许电流值 × 环境温度引起的通电率降低 × 捆扎引起的折减系数 > 额定电流值。

⑦鉴于环境温度对通电率降低的影响（驾驶室内 40℃、发动机舱内 80℃），需要考虑导体阻抗的上升。因此，电线的耐热温度 >（环境温度 + 导体通电时引起的温度上升）。

⑧导线最大稳态温升不超过导线绝缘层、插件材料或其他导线涉及材料的额定温度。

2.插接器

插接器由插头与插座两部分构成，通常用涂黑表示插头，不涂黑表示插座；有倒角的表示插头插脚呈柱状，直角的表示插头插脚为片状。插接器表示见表 1-1-12，每个厂家略有不同，详细资料请参阅厂家维修资料。

表 1-1-12　汽车电路中插接器的表示

项目	插头 / 搭铁	形象图标	内容
端子及插头的表示	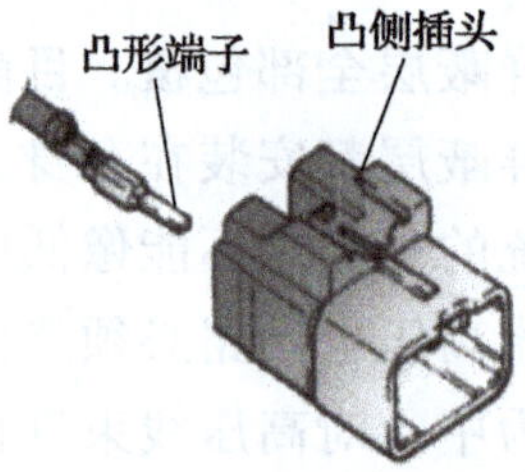 凸形端子　凸侧插头 凹形端子　凹侧插头	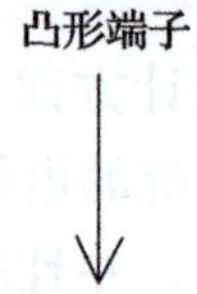 凸形端子 凸侧插头 1 2 3 4 5 6 7 8 凹形端子 凹侧插头 1 2 3 4 5 6 7 8	端子的形象图标中，插入的端子叫凸形端子，被插入的端子叫凹形端子，以图示方法表示。此外，装有凸形端子的插头叫凸侧插头，装有凹形端子的插头叫凹侧插头
表示插头形象的符号	设备 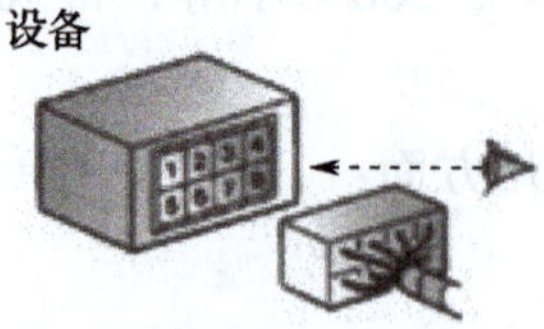 中间插头 备用插头、检测用插头	1 2 3 4 5 6 7 8 1 2 3 4 5 6 7 8 1 2 3 4 5 6 7 8	与设备的连接采用设备侧插头形象，中间插头采用凸侧插头形象，备用插头及检测用插头因未装设备，所以采用线束侧插头形象分别予以表示

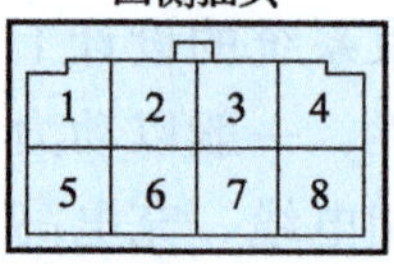

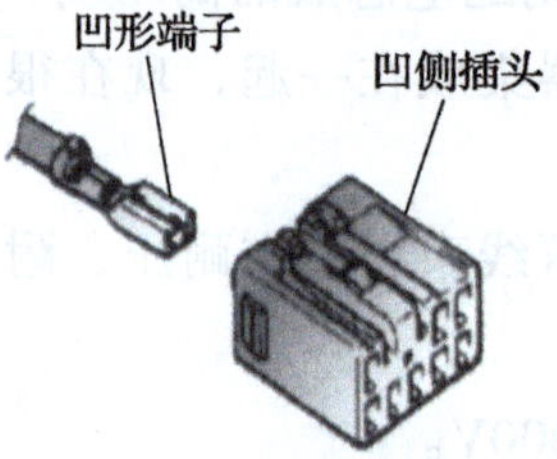

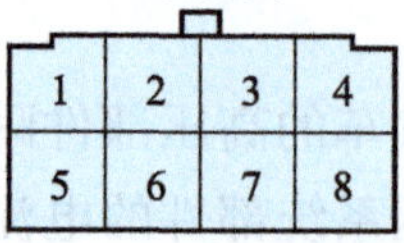

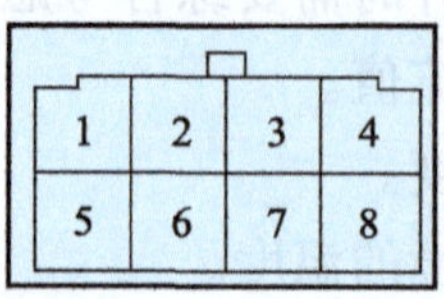

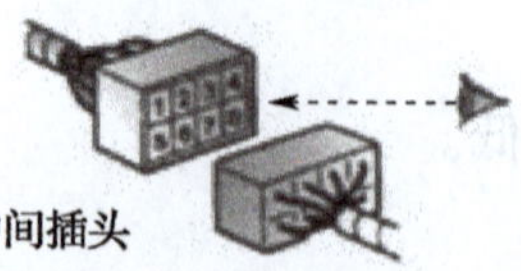

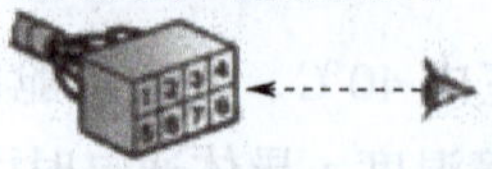

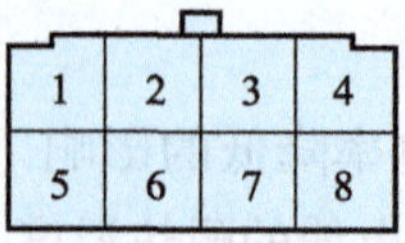

（续）

项目	插头 / 搭铁	形象图标	内容
插头连接方式的表示	直插式 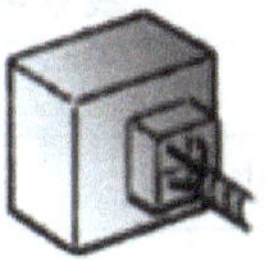	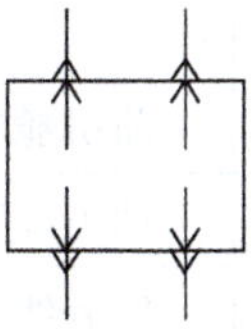	与设备和线束侧插头的连接，分为直接插入设备的方式（直插式）和与设备侧线束插头连接的方式（附属线束式），以图示方法表示并代表不同的应用方式
	附属线束式 	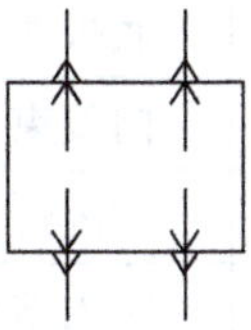	
	中间插头 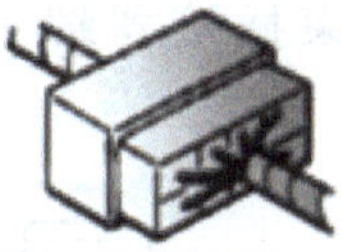		
搭铁的表示	车体搭铁 		搭铁方式有车体搭铁、设备搭铁及控制装置内搭铁等，各自以图示方法表示，并代表不同的应用方式
	设备搭铁 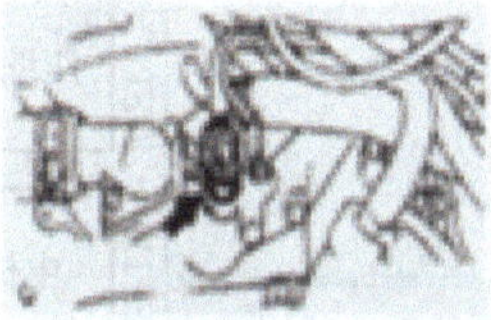	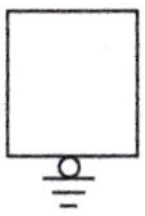	
	控制装置内搭铁 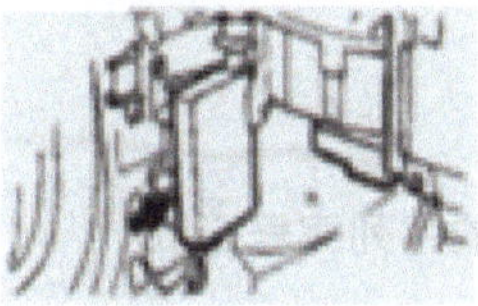		

3. 汽车线束

现代汽车的线束由导线、导线端子、插接器、护套、熔丝座等组成。导线端子一般由黄铜、紫铜材料制成，它们与导线的连接一般采用冷铆压的方法压接。

下面以吉利帝豪系车型为例，线束插接器编号、插接件端子编号、接地点编号、熔丝编号、电气图标符号等说明如下：

1）线束插接器编号。如动力电池线束插接器编号为EP41，其中EP为线束代码，

41 代表插接器序号。线束编号与名称见表 1-1-13。

表 1-1-13　线束编号与名称

编号	线束名称
CA	前机舱线束
EP	动力线束、高压配电线束
IP	仪表线束
SO	底板线束、后背门线束
DR	门线束（4 个门）
RF	室内灯（顶篷）线束
C	室内熔丝、继电器盒

2）插接件端子编号。注意相互插接的线束插接器端子编号顺序互为镜像，如图 1-1-8 所示。

图 1-1-8　相互插接的线束插接器端子编号顺序镜像对称

3）接地点编号。所有线束的接地点以 G 开头的序列编号标识。接地点位置如图 1-1-9 所示。

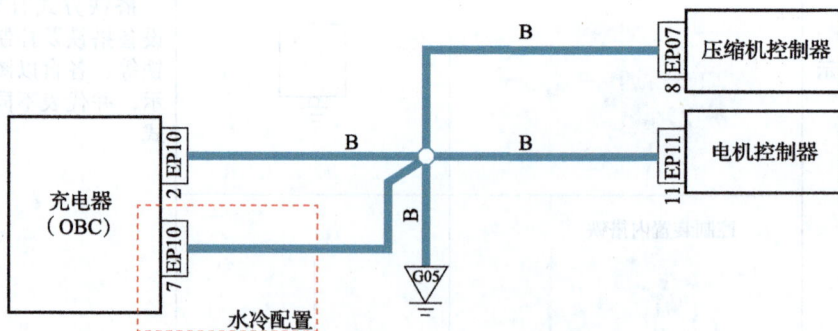

图 1-1-9　接地点以 G 开头的序列编号标识

4）导线节点，如图 1-1-10 所示。

5）熔丝编号。熔丝编号由熔丝代码和序列号组成，如位于前机舱的熔丝代码为 EF、室内熔丝代码为 IF、分线盒内的熔丝代码为 HF，具体的系列号根据实际电路确定。

6）如果电路线与线之间使用了 8 字形标识，表示此电路为双绞线，主要用于传感器的信号或数据通信电路，

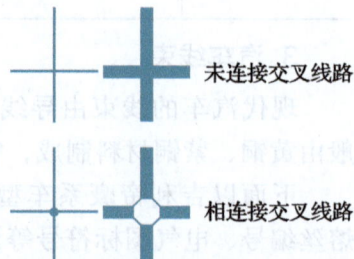

图 1-1-10　导线节点

如图 1-1-11 所示。

7）如果一个系统电路较多，电路图需要多页表示，线路的起点用 ▷ 表示，线路到达终点用 ◁ 表示。如一页电路图中有一条以上的线路转入下页，则分别用 B、C 等字母代替，以此类推，如图 1-1-12 所示。

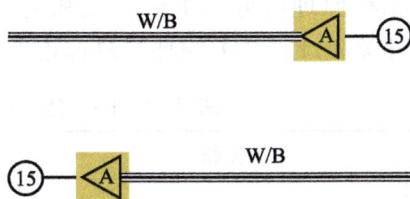

图 1-1-11　8 字形双绞线　　　　图 1-1-12　多页电路图标识符号

8）电路图中的电气图标符号，见表 1-1-14。

表 1-1-14　电气图标符号和意义

图标符号	意义	图标符号	意义	图标符号	意义
	接地		电位计		电容
	温度传感器		可调电阻		常开开关
	二极管		爆燃传感器		常闭开关
	光电二极管		灯泡		双掷开关
	发光二极管		电磁阀		点火开关
	电机		喇叭		双绞线
	常闭继电器		未连接交叉线路		起动机
	常开继电器		蓄电池		相连交叉线路
	双掷继电器				

二、汽车开关、电路保护元件及继电器

1. 汽车开关

开关用来控制汽车电路中的各种用电设备，按照操作方式可分为手操纵和脚踏式两种；按其结构原理可分为机械开关和电磁开关；按其用途可分为电源开关、点火开关以及组合开关和灯光开关四种，具体说明见表 1-1-15。

表 1-1-15　各汽车开关的种类及说明

名称	实物	说明
电源开关		电源开关是用来接通或切断蓄电池电路的，其形式有闸刀式和电磁式两种，其中电磁式较少使用。闸刀式电源开关一般用于蓄电池搭铁线的控制
点火开关		点火开关分为钥匙起动和一键起动，可自由开启或关闭点火线圈的主要电路，也适用于其他电路
组合开关		为了保证行车安全、操作方便，在汽车电气系统整体结构设计中，多将转向开关、危险警告开关、小灯与前照灯开关、变光开关、刮水器开关、洗涤器开关、喇叭开关等组装在一起，称为组合开关
灯光开关		用来控制前照灯、仪表灯、牌照灯、超车灯及变光、转向信号指示灯等

2. 汽车电路保护元件

电路保护元件用于电路或电气设备发生短路及过载时，自动切断电路，以防止线束或电气设备烧坏。汽车上常见的电路保护元件有易熔线、电路断路保护器、熔断器及中央控制盒，具体说明见表 1-1-16。

表 1-1-16　各汽车电路保护元件的种类及说明

名称	实物	说明
易熔线		易熔线是一种截面积小于被保护电线的、可长时间通过额定电流的铜芯低压导线或合金导线。当电流超过易熔线额定电流数倍时，易熔线首先熔断，以确保线路或电气设备免遭损坏。易熔线常用于保护总电路或大电流电路。易熔线的多股胶合线外面包有聚乙烯护套，比常见导线柔软，一般长度为 50~200mm，通过插接件接入电路，易熔线一般位于蓄电池和起动机或电气中心之间或附近。易熔线不能绑扎于线束内，也不得被其他物品所包裹
电路断路保护器（充电桩）		主要应用于充电桩内部电路中，当检测到漏电电流达到漏电上限时自动断开充电桩的输出电源；或者充电桩超负荷工作时会自动切断电路
熔断器		熔断器常用于保护局部电路，其限额电流值较小，一般在熔断器上都有标注。熔断器的主要元件是熔丝（片），其材料是锌、锡铅、铜等金属的合金。常见的熔断器按外形可分为熔片式、熔管式、绝缘子式、插片式等
中央控制盒		为便于诊断故障、规范布线，现代汽车常将熔断器、断路保护器、继电器等电路易损件集中布置在一块或几块配电板上，配电板背面用来连接导线，这种配电板及其盖子就组成了中央控制盒

3. 继电器

汽车用继电器可分为功能继电器和电路控制继电器两种。闪光继电器、刮水间歇继电器等是功能继电器；电路控制继电器是单纯实现电路通断与转换的继电器，它的作用主要是减小开关的电流负荷，保护开关触点不被烧蚀，即用流经开关的小电流，控制用电装置的大电流。这种继电器在汽车上常见的有卸荷继电器、前照灯继电器、雾灯继电器、起动继电器、喇叭继电器、鼓风机继电器、空调压缩机电磁离合器继电器等。

继电器按外形区分有圆形和方形两种（通常汽车用继电器为方形继电器）。按插脚多少分，有三脚、四脚、五脚、六脚多种。继电器由电磁铁和触点等组成。为防止线圈断电时产生的自感电动势损坏电子设备，有的继电器磁化线圈两端并联泄放电阻或续流二极管。

根据触点的状态不同，继电器又分为常开（动合触点）型、常闭（动断触点）型和开闭混合型三类，如图 1-1-13 所示。常开型继电器触点平时是断开的，继电器动作后触点接通，接通控制电路。常闭型继电器的触点平时是闭合的，继电器动作后触点断开，切断控制电路。混合型继电器触点平时是接通的，常开触点断开，如果继电器线圈通电，则触点处于相反的状态。

　　有的继电器有两个线圈。双线圈继电器大致有两种类型：一种是两线圈同时通电时触点才动作，另一种是只要有一个线圈通电触点就可以动作。

　　继电器的工作电压分为 12V 和 24V 两种，分别应用于相应标称电压的汽车上。两种标称电压的继电器不能混用。JD 系列小型通用继电器的外形、管路排列与内部电路如图 1-1-14、图 1-1-15 所示。

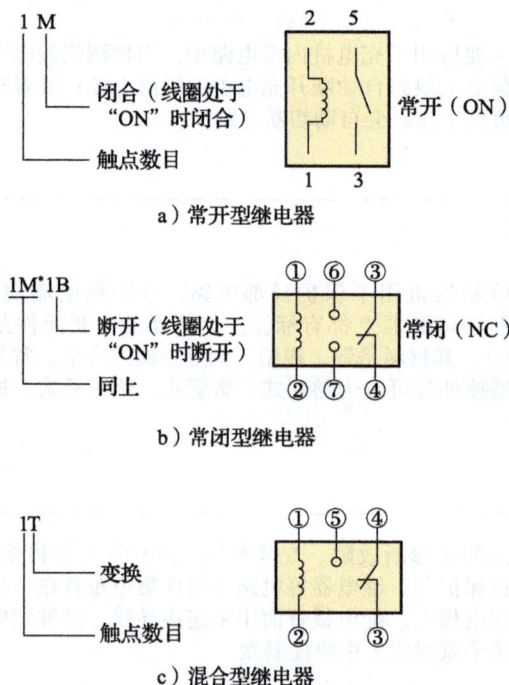

a）常开型继电器

b）常闭型继电器

c）混合型继电器

图 1-1-13　继电器的类型

图 1-1-14　JD 系列小型通用
继电器的外形

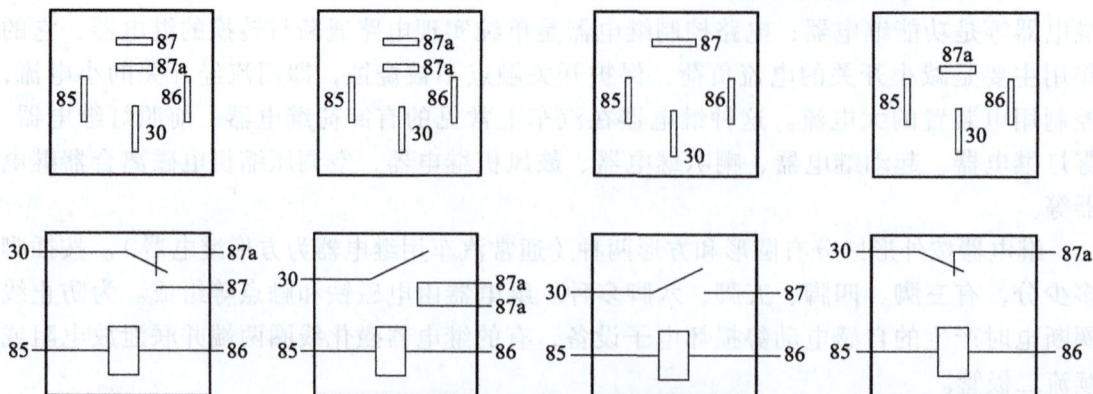

图 1-1-15　JD 系列小型通用继电器的管路排列与内部电路

引导问题 7

请查阅相关资料，写出汽车导线检修的过程。

_____

_____

_____

引导问题 8

请查阅相关资料，写出汽车插接器维修的过程。

_____

_____

_____

引导问题 9

请查阅相关资料，写出汽车继电器检查的过程。

_____

_____

_____

汽车电路元件的检修

一、导线的检修

1. 剥线

剥线是维修导线时常做的工作。现代汽车电气系统变得越来越复杂，汽车电器也越来越高级，这些高级电器对和它有关的部件要求都很苛刻，其中就包括给它们提供信息通道和能源的导线。如果剥线时没有按规定操作，不慎将导线拉长或削去部分导线，都有可能带来严重后果或安全隐患。比如传递信号的导线，如果维修时被拉伸，导线的电阻就会增加，从而影响信号的传递。剥线时应该使用专用剥线钳，对于不同型号的导线要使用剥线钳的不同部位或不同的剥线钳，如图 1-1-16 所示。

图 1-1-16　剥线过程

2. 连接

维修时，通常要将一根断开的导线或两根导线连接在一起。正确的接线方法是利用专用接线材料和专用接线工具（压线钳）进行连接，见表 1-1-17。

表 1-1-17　导线连接工具、步骤

压线钳	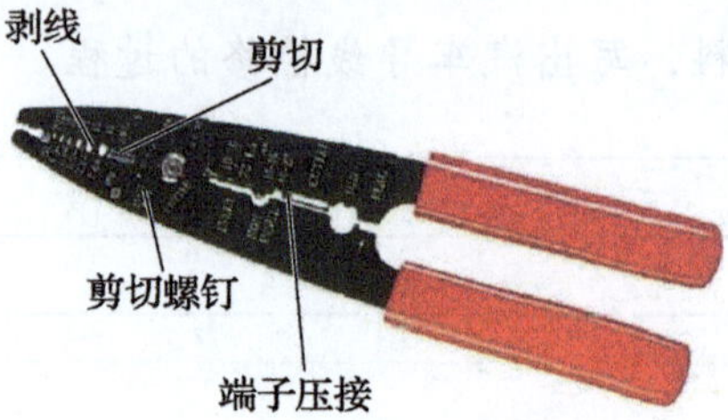 　　　压线钳为专用接线工具
导线的连接步骤	

步骤 1	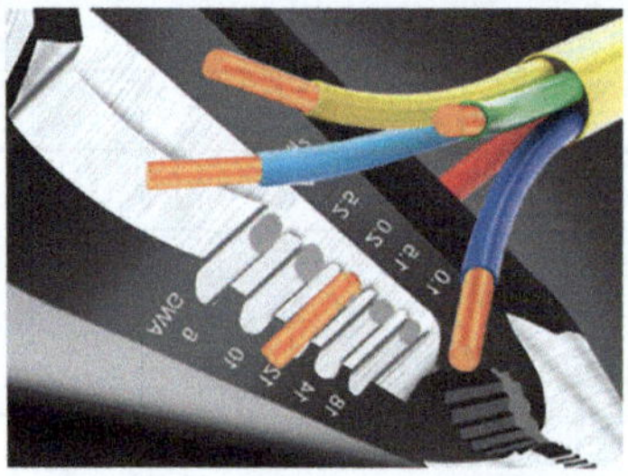	步骤 3	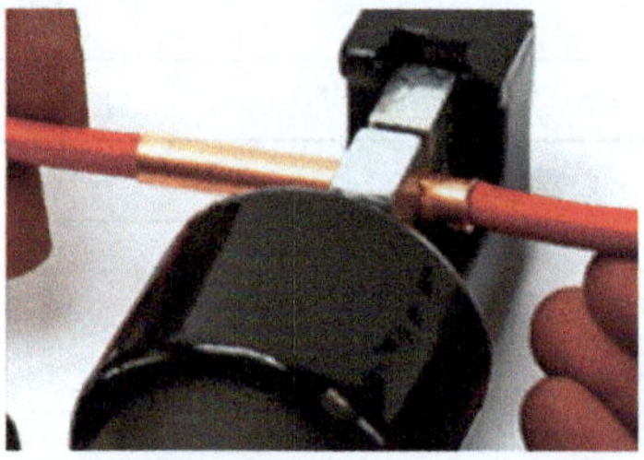
步骤 2		步骤 4	

3. 焊接

　　焊接是连接导线的基本方式之一。焊接使用的专用工具是电烙铁。根据不同情况，要选取不同功率的电烙铁。导线焊接步骤，见表 1-1-18。

表 1-1-18　导线焊接步骤

步骤 1	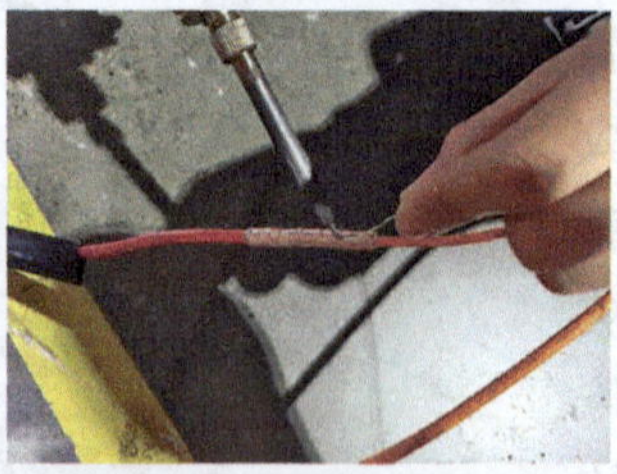	步骤 3	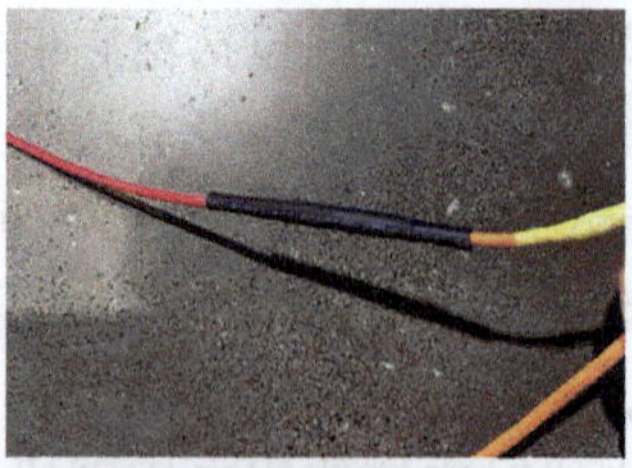
步骤 2	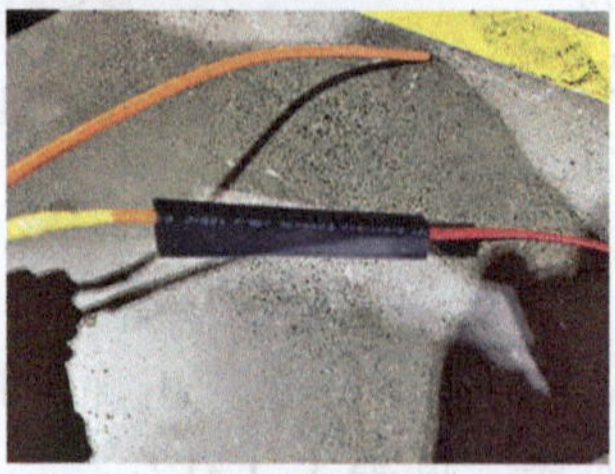	步骤 4	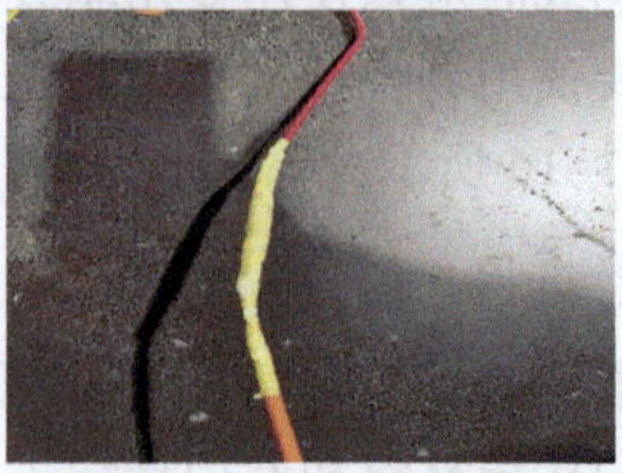

焊接时应注意以下事项：

1）焊接时不要直接用电烙铁加热熔化焊接材料，而是通过加热导线接头，同时把焊接材料放到需要焊接的区域，间接熔化焊接材料。因为只有这样，才能使熔化的焊接材料充分和导线熔为一体。否则，因为导线温度比焊接材料低，会造成焊接不牢。

2）要确保焊接点在导线的金属头上，而不能在绝缘层上焊接。

3）如果用接线夹，要确保焊接材料均匀覆盖夹子。

4）不要使用太多焊接材料。要圆滑焊接，不要让焊接材料产生棱角，否则，棱角会刺穿绝缘层，引起漏电或者短路。

5）不要长时间给导线加热，以免烧毁导线和绝缘层。

6）维修导线时，一定要先断开电源。

二、插接器的维修

插接器导线端子常因大气侵蚀或电火花而发生蚀损，因机械振动而使导线端子断裂。保持端子接触良好，修复损坏线头是插接器维护的基本作业。

插接器接合时，应先将其导向槽重叠在一起，使插头和插孔对准且稍用力插入，这样就可以十分牢固地连接在一起。

为了防止汽车行驶过程中插接器脱开，所有插接器均采用闭锁装置。当要拆下插接器时，应先压下闭锁，然后再将其拉开，如图 1-1-17 所示。不压下闭锁时，决不可用力猛拉导线，以防止拉坏闭锁或导线。

若发现插头、插座损坏或锈蚀严重，可用小一字螺钉旋具自插口端伸入撬开锁紧环，拉出线头。对锈蚀严重的线头，用细砂纸打去锈层，若损坏应更换插头、插座。

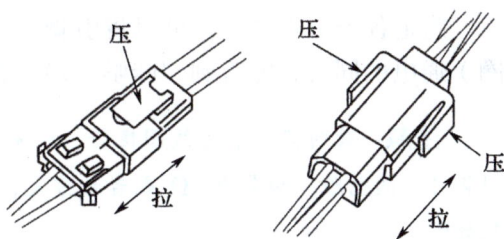

图 1-1-17　插接器的拆卸

三、继电器的检查

诊断继电器的主要方法是测试继电器的电路。测试继电器的首要问题是分清楚继电器的各个引脚，如图 1-1-18 所示。一般情况下厂家会在继电器的外壳上标明继电器的引脚和内部接线图。通过标识可以辨别控制电路和负载电路的引脚。

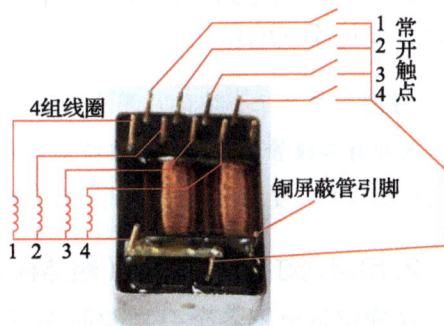

图 1-1-18　继电器引脚识别

1. 用万用表电阻档确定继电器的引脚

如果厂家没有标明引脚，可以用万用表电阻档测试确定，如图 1-1-19 所示（以 4 引脚继电器为例）。通常控制电路（线圈）的两个引脚之间的电阻在 50~120Ω 之间。如果测试到两个引脚之间的阻值在这个范围内，那么这两个引脚就是控制电路（线圈）

的两个引脚。如果控制电路之间的电阻小于 50Ω，大于 0Ω，那么要查阅相关资料，确认线圈是否有问题。然后检查另外两个引脚之间的电阻，阻值应该是 0Ω（常闭继电器）或者无穷大（常开继电器）。

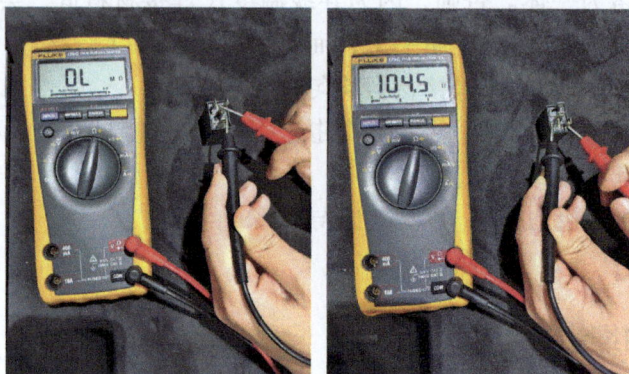

图 1-1-19　用万用表电阻档确定继电器的引脚

注意：如果任何两个引脚之间的阻值都不在控制电路（线圈）所标明的范围内，或者所有引脚之间的阻值都是 0Ω 或无穷大，说明线圈已烧坏，要更换继电器。

确定各个引脚之后，可以将引脚 1 接通电源，将引脚 3 接地。如果在控制电路（线圈）通电的同时，能听到"咔哒"声，说明线圈良好。

注意：此时只能确定线圈良好，还不能判定继电器是否良好，需要进一步测试另外两个引脚之间的电阻。如果为 0Ω 或者无穷大，说明继电器良好，如果不是，说明继电器存在高电阻故障。

如果在控制电路（线圈）通电的同时听不到"咔哒"声，说明控制电路（线圈）损坏，要更换继电器。

注意：事实上，实际应用中的继电器要复杂得多。许多继电器内部接有二极管和电阻。测试内部有二极管的继电器时要特别注意，不要接反电源的极性，否则会损坏继电器。测试复杂的继电器时，要参阅相关资料，确认继电器的内部结构，按正确程序测试。

2. 用测试灯检测继电器（粗略检测）

在确定继电器各个引脚的前提下，在引脚 4 上连接一个测试灯，如图 1-1-20 所示，测试灯的另一端接地。按图示方法将控制电路（线圈）通电，会听到"咔哒"声（如果听不到"咔哒"声，说明控制电路有问题）。在控制电路产生的磁场作用下，负载电路（开关）被接通，此时测试灯会点亮。切断控制电路的电源后，测试灯熄灭。如果测试

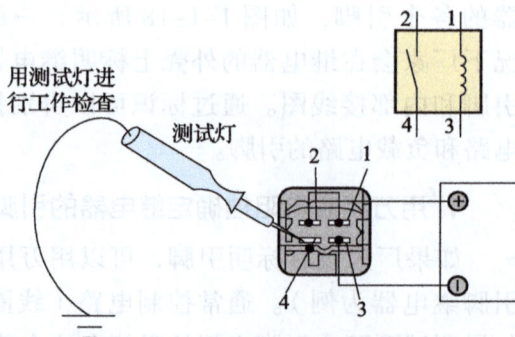

图 1-1-20　用测试灯检测继电器

灯像上面描述的那样，说明继电器正常，否则需要更换继电器。

3. 用万用表电压档检测继电器

可以用万用表电压档代替上面步骤中的测试灯。万用表电压档能更准确地测试开关两端的电压，但不足之处和测试灯检测继电器一样，不能很好地确定开关的触点是否有烧坏即高电阻现象。在引脚 4 上连接一个万用表，如图 1-1-21 所示，万用表的另一端接地。如图示方法将控制电路（线圈）通电，会听到"咔哒"声（如果听不到"咔哒"声，说明控制电路有问题），在控制电路产生的磁场作用下，负载电路（开关）被接通，此时万用表会显示电源电压。切断控制电路的电源后，万用表显示 0V。

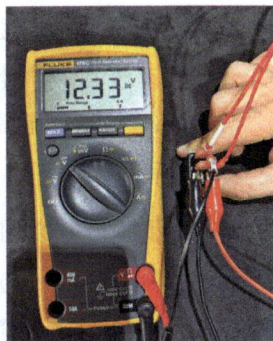

图 1-1-21　用万用表电压档检测继电器

❓ 引导问题 10

请查阅相关资料，写出安装汽车线束应当注意什么。

_____

_____

_____

汽车线束的维护

汽车线束由于直接受到机械振动、颠簸、温变、刮擦的作用及油水的侵蚀，长期使用易使线束包皮损坏、线头断开或接触不良，这就需要检修维护和更换导线、接线头或线束。

线束在检修前后，应按照要求进行拆装，在拆卸过程中要记下各插接器的连接部位和线束区，装配时按原连接部位装复。各车型的线束都应按设计要求包裹好。

安装线束时应注意以下事项：

1）线束应用夹箍或线卡固定，以免松动或磨损。

2）线束不可拉得过紧，尤其在拐弯处更应注意，在绕过锐角或穿过金属孔时，应用橡皮或套管保护，否则容易磨坏线束而发生短路、搭铁，并有烧毁全车线束、酿成火灾的危险。

3）连接电器时，应根据插接器规格、形状，导线颜色或接头处套管的颜色正确接线。若不易辨别导线的头、尾时，一般可用试灯区分。

📖 拓展阅读

职业素养通常指职业中需要遵循的要求与遵守的行为规范，是一名员工综合品质与专业技能的表现。职业素养一般包含职业道德、职业技能、职业行为习惯、职业意识等方面。人社部发〔2021〕30 号《关于深化技工院校改革大力发展技工教育的意见》中强调，突出技师学院对高技能人才、大国工匠、能工巧匠的培养要求。全面落实立德树人根本任务，提升学生职业素养是新时期技工教育的根本任务。社会企业更乐于吸纳职业素养高、德技双馨的技术技能型人才。新能源汽车行业有其特殊性，更需要具备良好的职业素养，那么应如何培养呢？

了解行业原则，培养职业道德

针对性地开设职业道德行为相关的课程，了解专业和行业特有的道德标准以及法律底线，通过实习或实训体验工作过程中应有的职业道德，提供良好的专业氛围与行业环境，耳濡目染，转化为个人做人做事的基本原则。

实行"1+X"证书制度，培养职业技能

将个人实践能力放在培养目标的突出位置，推行毕业证、职业资格证"1+X"证书制度。特别是近些年汽车维修高级工证书的比例逐年提高，"1+X"证书的推行已经成为帮助个人就业的有力工具。不少社会企业和就业单位也认识到"具备职业资格证书能体现就业者在该专业的实践水平，一定程度上可以缩短上岗的适应期，满足企业用人需求"。

明确职业要求，培养职业行为习惯

职业行为习惯（也可以称为职业行为规范）是职业培养的核心，包括基于各行各业职业分析确定的职业行为或规范，基于职业活动应遵循的各种要求，如工作标准、工作技术、工作原理、工作步骤、工作环境等。这些可以上升到法律和道德方面，从而约束从业人员的行为习惯。职业行为习惯要求从业人员积极遵守，并在工作中践行，对个人以及企业发展都起到积极促进作用。

了解职业特点，培养职业意识

了解所学专业，广泛接触社会企业，了解企业需求和用人要求，了解各种职业特点，找到适合自己的理想职业，并有的放矢地学习相关专业知识，增加知识储备。积极参加校外实训，学习汽车企业相关人员的工作经验，进入企业，进行实地考察学习。

除了具有上述职业道德、职业技能、职业行为习惯、职业意识等职业素养外，还应该具备良好的礼仪修养、健康的身体素养、健全的心理条件等，未来职业之路才能更广阔。

👥 任务分组

学生任务分配表见表1-1-19。

表 1-1-19　学生任务分配表

班级		组号		指导老师	
组长		学号			
组员角色分配					
信息员		学号			
操作员		学号			
记录员		学号			
安全员		学号			
任务分工					

（就组织讨论、工具准备、数据采集、数据记录、安全监督、成果展示等工作内容进行任务分工）

📝 工作计划

按照前面所了解的知识内容和小组内部讨论的结果，制定工作方案，落实各项工作负责人，如任务实施前的准备工作、实施中主要操作及协助支持工作、实施过程中相关要点及数据的记录工作等。

工作计划表

步骤	工作内容	负责人
1		
2		
3		
4		
5		
6		
7		
8		

🧎 进行决策

1）各组派代表阐述资料查询结果。

2）各组就各自的查询结果进行交流，并分享技巧。

3）教师对各组的计划方案进行点评。

4）各组长对组内成员进行任务分工，教师确认分工是否合理。

👤 任务实施

❓ 引导问题 11

查阅相关资料，简述新能源汽车电路中导线、插接器、开关、电路保护元件、继电器的主要作用。

_____

_____

根据所学的电路元件识别的内容，在比亚迪秦 EV 实车上找出导线、插接器、开关、电路保护元件、继电器，识别各电路元件的特点并进行简单检查。

实训准备			
序号	设备及工具名称	数量	设备及工具是否完好
1	数字万用表	1 台	□是　□否
2	绝缘防护套装	1 套	□是　□否
3	绝缘工具套装	1 套	□是　□否
4	常规工具套装	1 套	□是　□否
5	比亚迪秦 EV 整车	1 辆	□是　□否
质检意见	原因：		□是　□否

比亚迪秦 EV 电路元件识别与检查			
序号	步骤	记录	完成情况
1	选择比亚迪秦 EV 实车中的 3 类不同导线进行识别与检查	导线名称_____ 导线横截面积_____（mm²） 允许最大电流_____（A） 导线外观_____（完好、破损） 导线颜色_____ 是否屏蔽导线_____	已完成□ 未完成□

（续）

序号	步骤	记录	完成情况
2	选择比亚迪秦EV实车中的3类不同导线进行识别与检查	导线名称_____ 导线横截面积_____（mm²） 允许最大电流_____（A） 导线外观_____（完好、破损） 导线颜色_____ 是否屏蔽导线_____	已完成□ 未完成□
3		导线名称_____ 导线横截面积_____（mm²） 允许最大电流_____（A） 导线外观_____（完好、破损） 导线颜色_____ 是否屏蔽导线_____	
4	选择比亚迪秦EV实车中的3类不同插接器进行识别与检查	插接器名称_____ 插头连接方式_____（直插式、附属线束式、中间插） 端子外观_____（凹形、凸形） 插接器名称_____ 插头连接方式_____（直插式、附属线束式、中间插） 端子外观_____（凹形、凸形） 插接器名称_____ 插头连接方式_____（直插式、附属线束式、中间插） 端子外观_____（凹形、凸形）	已完成□ 未完成□
5	选择比亚迪秦EV实车中的3类不同开关进行识别与检查	开关名称_____ 作用_____ 开关名称_____ 作用_____ 开关名称_____ 作用_____	已完成□ 未完成□
6	选择比亚迪秦EV实车中的3类不同电路保护元件进行识别与检查	保护元件名称_____ 作用_____ 保护元件名称_____ 作用_____ 保护元件名称_____ 作用_____	已完成□ 未完成□

（续）

序号	步骤	记录	完成情况
7	选择比亚迪秦EV实车中的3类不同继电器进行识别与检查	继电器名称_____ 外形_____（方形、圆形） 插脚数目_____（三、四、五、六） 触点的状态_____（常开型、常闭型、开闭混合型） 工作电压_____（12V、24V） 继电器名称_____ 外形_____（方形、圆形） 插脚数目_____（三、四、五、六） 触点的状态_____（常开型、常闭型、开闭混合型） 工作电压_____（12V、24V） 继电器名称_____ 外形_____（方形、圆形） 插脚数目_____（三、四、五、六） 触点的状态_____（常开型、常闭型、开闭混合型） 工作电压_____（12V、24V）	已完成□ 未完成□
8	实训现场整理		已完成□ 未完成□
总结提升			已完成□ 未完成□
质检意见	原因：		已完成□ 未完成□

📱 评价反馈

1）各组代表展示汇报 PPT，介绍任务的完成过程。

2）以小组为单位，对各组的操作过程与操作结果进行自评和互评，并将结果填入综合评价表中的小组评价部分。

3）教师对学生工作过程与工作结果进行评价，并将评价结果填入综合评价表中的教师评价部分。

综合评价表

班级		组别		姓名		学号	
实训任务							
评价项目		**评价标准**				**分值**	**得分**
小组评价	计划决策	制定的工作方案合理可行，小组成员分工明确				10	
	任务实施	能够正确检查并设置实训工位				5	
		能够准备和规范使用工具设备				5	
		能够正确识别比亚迪秦 EV 电路元件				20	
		能够正确进行比亚迪秦 EV 电路元件检查				20	
		能够规范填写任务工单				10	
	任务达成	能按照工作方案操作，按计划完成工作任务				10	
	工作态度	认真严谨，积极主动，安全生产，文明施工				10	
	团队合作	小组组员积极配合、主动交流、协调工作				5	
	6S 管理	完成竣工检验、现场恢复				5	
		小计				100	
教师评价	实训纪律	不出现无故迟到、早退、旷课现象，不违反课堂纪律				10	
	方案实施	严格按照工作方案完成任务实施				20	
	团队协作	任务实施过程互相配合，协作度高				20	
	工作质量	能准确规范完成实训任务				20	
	工作规范	操作规范，三不落地，无意外事故发生				10	
	汇报展示	能准确表达，总结到位，改进措施可行				20	
		小计				100	
综合评分		小组评价分 ×50% ＋教师评价分 ×50%					

总结与反思

（如：学习过程中遇到什么问题→如何解决的 / 解决不了的原因→心得体会）

任务二　识读比亚迪车系电路图

学习目标

- 掌握电路图中线束、插接件的识读方法。
- 掌握电路图中熔丝的识读方法。
- 掌握电路图中继电器的识读方法。
- 掌握插接件针脚的识读方法。
- 能识读比亚迪秦 EV 的电路元件与局部电路图。
- 了解实训中可能存在的安全问题，明确职业道德中的敬业精神在实际操作中的重要性。

知识索引

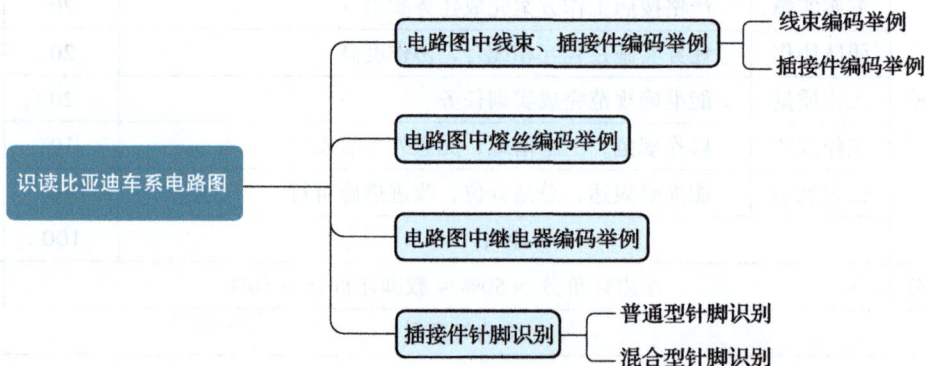

情境导入

　　由于新能源汽车大量地应用各种电子控制技术，使汽车电路越来越复杂，给电路图识读带来了一定的困难。然而，正确识读汽车电气原理图是分析电路原理、诊断和排除故障的基础，正确掌握汽车电路图识读的方法是十分重要且必要的。通过本任务的学习，要求你能够掌握电路图的识读原则，并能根据识读方法分析比亚迪电路图。

📧 获取信息

❓ 引导问题 1

请查阅相关资料，简述比亚迪秦 EV 汽车电路中线束标注 R/G 0.5 ALL 的含义。

_____

_____

_____

❓ 引导问题 2

请查阅相关资料，简述比亚迪秦 EV 汽车插接器 BJD01 是什么位置的插接器。

_____

_____

_____

电路图中线束、插接件编码举例

一、线束编码举例

注意：本节内容中出现的线束零部件明细编号、插接件命名、配电盒接口命名及电路维修图中熔丝、继电器命名等参照比亚迪标准制定。

1. 线色标准

线色标准见表 1-2-1。

表 1-2-1　线色标准

代码	B	L	Br	G	Gr	Lg	O	P	R	V	W	Y
颜色	黑	蓝	棕	绿	灰	浅绿	橙黄	粉红	红	紫	白	黄

如图 1-2-1 是比亚迪秦 EV 集成式车身控制器线束识别。

2. 线束编码要求

1）电路图中编码 G2X，"G"表示仪表板线束，"2"表示仪表板主配电盒，"X"表示仪表板主配电盒 X 口的插接件。

2）电路图中编码 KJG02，"K"表示地板线束，"J"表示线束间对接插接件，"G"表示仪表板线束，"02"表示由地板接仪表板线束排序代码为 02。

3）电路图中编码 B68，"B"表示前舱线束，第二位为空表示一般类插接件，"68"表示前舱线束排序代码为 68。

图 1-2-2 所示是比亚迪秦 EV 的前舱线束编码示意图，具体编码含义可查看比亚迪秦

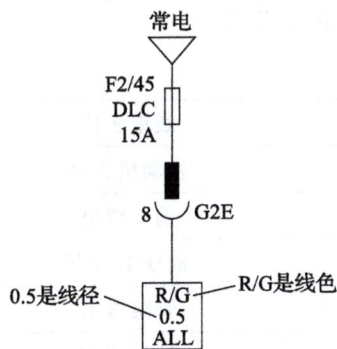

图 1-2-1　集成式车身控制器线束识别

常电

F2/45
DLC
15A

8　G2E

0.5是线径　R/G 0.5 ALL　R/G是线色

EV 维修手册电路图。

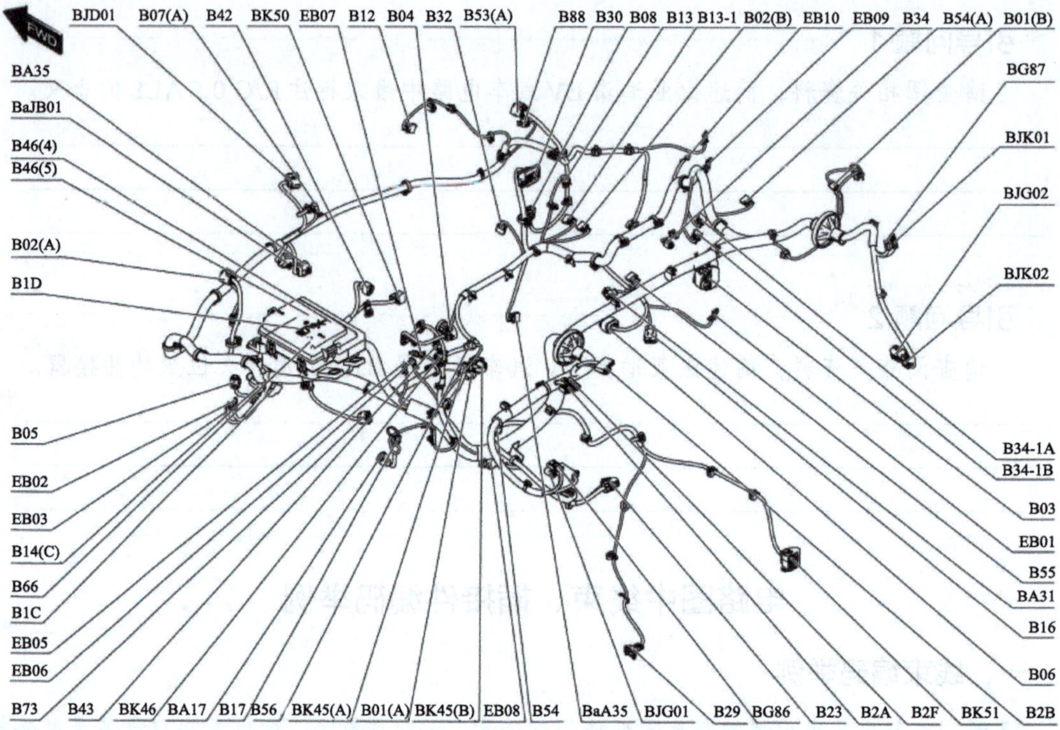

图 1-2-2　比亚迪秦 EV 前舱线束编码示意

二、插接件编码举例

插接件编码由 3 个部分组成，分成 3 种类型，如图 1-2-3 所示。

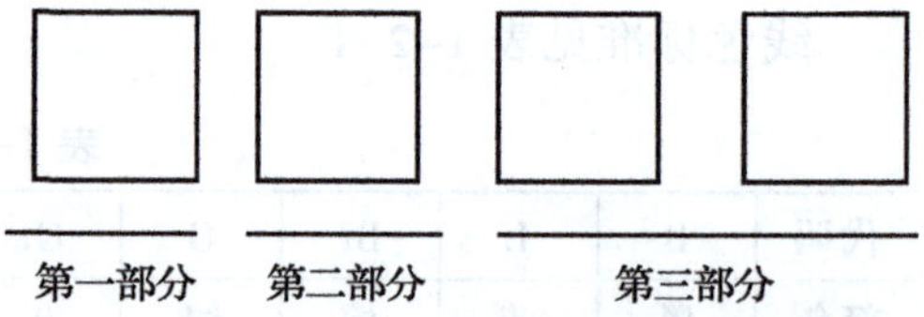

第一部分表示位置，用线束代码（字母）表示，采用 A、B、C、G、K……表示，取决于该回路元件所属线束的位置，对应关系见表 1-2-2。

第一部分　第二部分　　第三部分

图 1-2-3　插接件编码组成

表 1-2-2　线束的位置编码

线束名称	装配位置	编码
发动机线束	发动机	A
前舱线束	前舱	B
前横梁线束	前横梁	C
管梁线束	管梁	G
地板线束	地板	K
顶篷线束	顶篷	P
左前门线束	左前门	T

（续）

线束名称	装配位置	编码
右前门线束	右前门	U
左后门线束	左后门	V
右后门线束	右后门	W

第二部分表示类别，如果是线束间的对接插接件，此位代码用字母 J 表示；如果是接车用电器模块的插接件、继电器座，则此位空着；如果是配电盒上的插接件，此位代码采用序号 1、2、3……表示。各配电盒编码见表 1-2-3。

表 1-2-3　各配电盒编码

配电盒名称	编码
前舱配电盒	1
仪表板配电盒	2
前舱配电盒 II	3
仪表板配电盒 II	4
正极配电盒 I	5
正极配电盒 II	8

第三部分表示排序，可以用插接件编号（数字）或配电盒端口（字母）表示。如果该回路是配电盒上的插接件，此位代码采用 A、B、C、D、E、F……，该位与插接件所插配电盒的插口位置代号一致；如果该回路不是配电盒上的插接件，则表示线束的空间位置编号 01、02、03、04、05……

图 1-2-4 所示为比亚迪秦 EV 前舱线束对应的部分插接件示意图。

引导问题 3

请查阅相关资料，简述比亚迪秦 EV 汽车仪表配电盒熔丝 F2/41 是什么位置的保险。

_____

_____

_____

电路图中熔丝编码举例

注意：本节内容中出现的线束零部件明细编号、插接件命名、配电盒接口命名及电路维修图中熔丝、继电器命名等参照比亚迪标准制定。

比亚迪秦 EV 的电路图中前舱配电盒、仪表板配电盒等熔丝的编码规定如下：

1）前舱配电盒熔丝根据位置编号为 F1/1、F1/2、F1/4、F1/5……如 F1/5，其中"F"表示熔丝，"1"表示前舱主配电盒，"/"表示分隔代码，"5"表示排序代码为 5

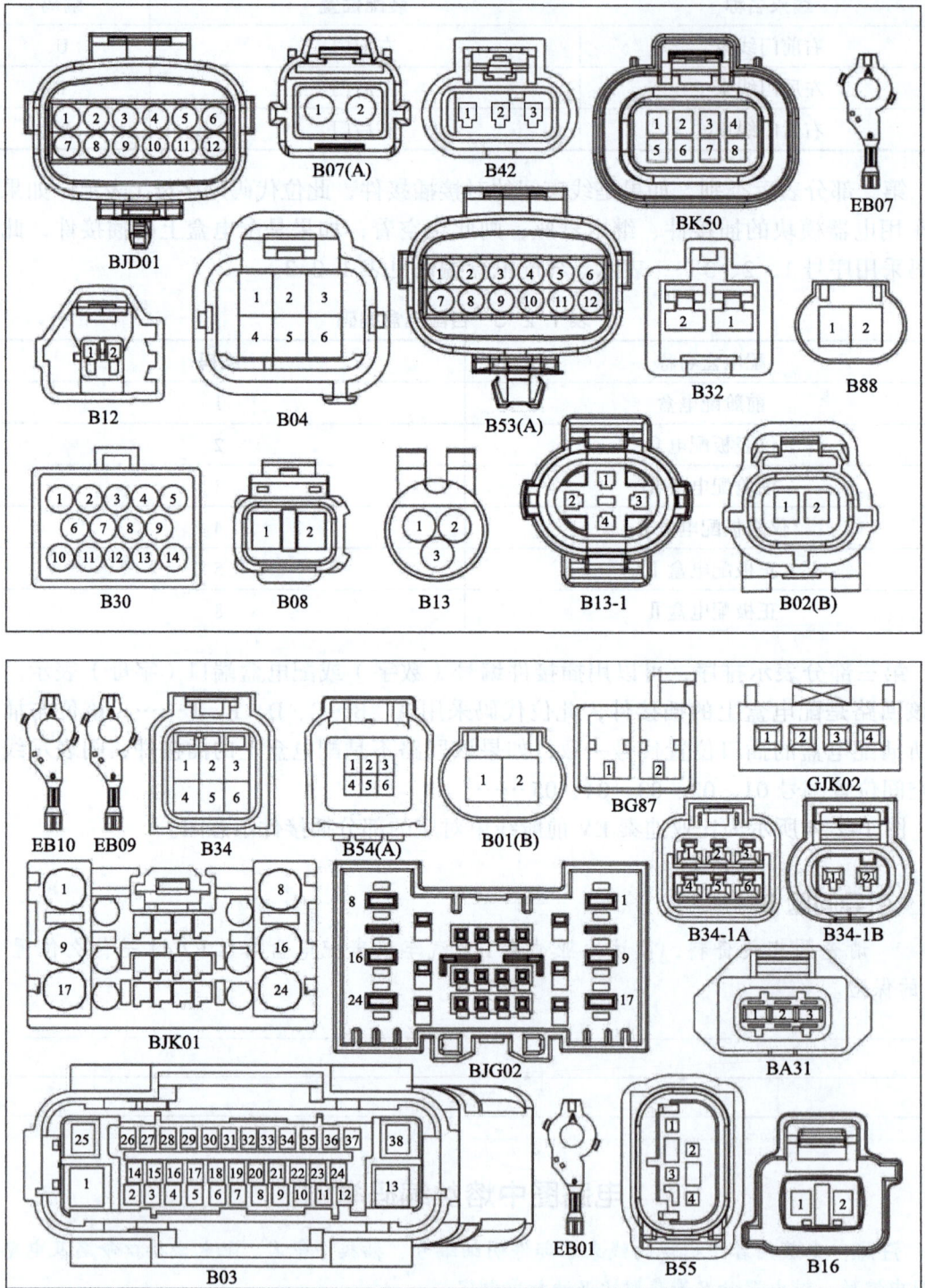

图 1-2-4　比亚迪秦 EV 前舱线束部分插接件

号熔丝。

2）仪表板配电盒熔丝根据位置编号为 F2/1、F2/2、F2/3、F2/4……如 F2/3，其中"F"表示熔丝，"2"表示仪表板配电盒，"/"表示分隔代码，"3"表示排序代码为 3号熔丝。

图 1-2-5 所示为比亚迪秦 EV 的仪表板配电盒熔丝编号。注意：F2/46 熔丝在熔丝盒盖上直接用 46 表示。

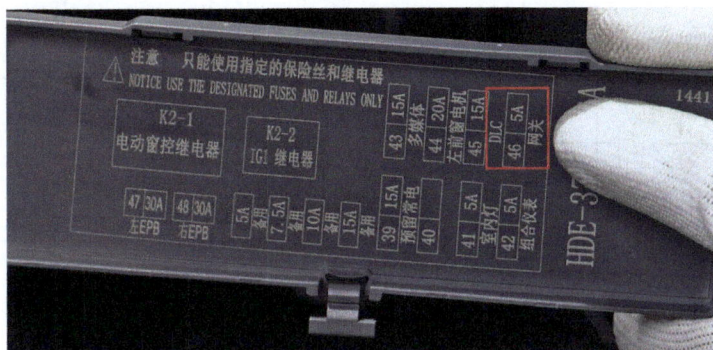

图 1-2-5　比亚迪秦 EV 仪表板配电盒熔丝编号

引导问题 4

请查阅相关资料，简述比亚迪秦 EV 汽车继电器 K2-2 是什么位置的继电器。

_____

_____

_____

引导问题 5

请查阅相关资料，简述比亚迪秦 EV 前舱配电盒继电器的编码规则。

_____

_____

_____

电路图中继电器编码举例

注意：本节内容中出现的线束零部件明细编号、插接件命名、配电盒接口命名及电路维修图中熔丝、继电器命名等参照比亚迪标准制定。

比亚迪秦 EV 的电路图中前舱配电盒、仪表板配电盒等继电器的编码规定如下：

1）前舱配电盒附配的继电器按相应位置编号为 K1/1、K1/2、K1/3……如 K1/5 继电器，其中"K"表示外置继电器，"1"表示前舱主配电盒，"/"表示分隔代码，"5"表示排序代码为 5 号继电器。

2）仪表板配电盒附配的继电器按相应位置编码为 K2/1、K2/2、K2/3……如 K2/3 继电器，"K"表示外置继电器，"2"表示仪表板配电盒，"/"表示分隔代码，"3"表示排序代码为 3 号继电器。

3）外挂继电器编号随对应的线束，如 KG/1、KG/2……，KC/1、KC/2……，KX/1、KX/2……

图 1-2-6 所示是比亚迪秦 EV 电路图中的喇叭继电器和电动车窗继电器。

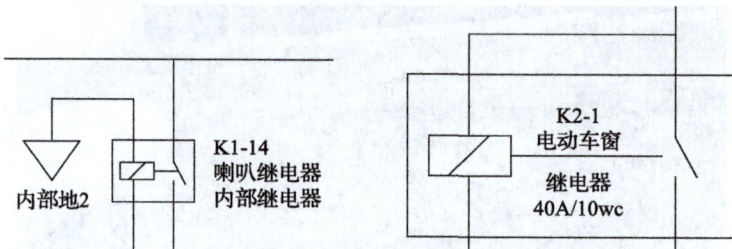

图 1-2-6　比亚迪秦 EV 的喇叭继电器和电动车窗继电器

❓ 引导问题 6

请查阅相关资料，简述比亚迪汽车插接件中普通型针脚的编号规则。

_____

_____

_____

插接件针脚识别

一、普通型针脚识别

将新能源汽车的插接件自锁方向朝上，插接件的插头针脚按从左到右、从上到下进行编号，插接件的插座针脚按从右到左、从上到下进行编号，如图 1-2-7 所示。

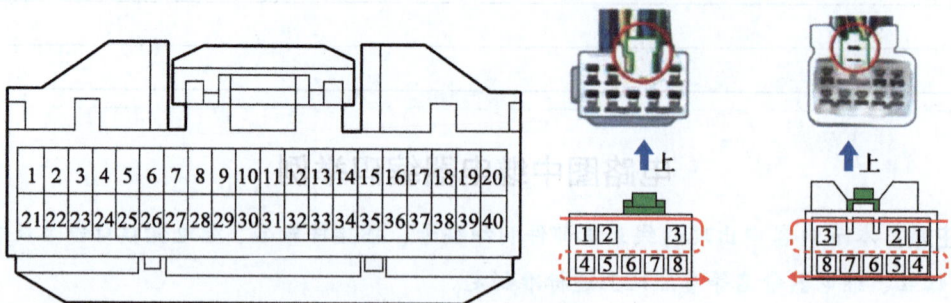

图 1-2-7　针脚标号

二、混合型针脚识别

插接件中央部分的插孔每个均要标明编号，如图 1-2-8 所示。

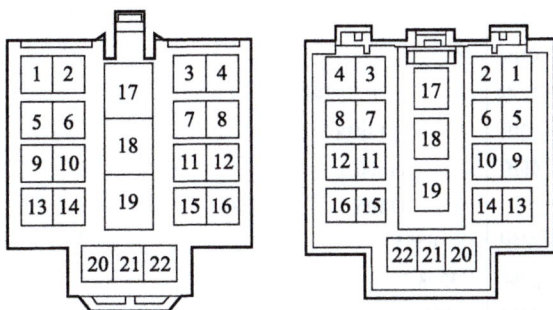

图 1-2-8　混合型针脚识别

拓展阅读

　　在能源和环境的双重压力下，汽车工业将迎来一场史无前例的革命，世界汽车格局也将随之大洗牌，由传统燃料汽车向新能源汽车转型。近些年新能源汽车的蓬勃发展也带动了其周边技术的发展，如充电桩、充电服务、电池、电驱、电控等技术。根据中国专利文摘数据库、IncoPat 科技创新情报平台，以及综合其他专利数据库，截至 2022 年 9 月 26 日，全球专利的总体分布情况如图 1-2-9 所示，充电技术和电池配套的申请量位居第一。

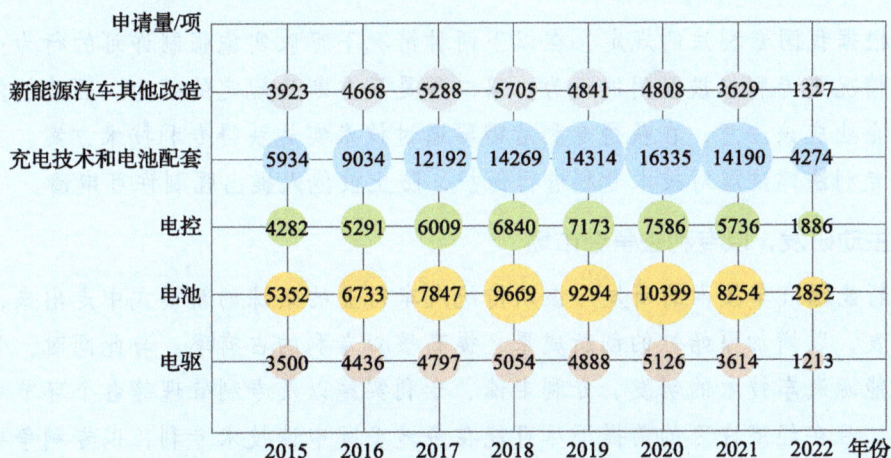

申请量/项	2015	2016	2017	2018	2019	2020	2021	2022
新能源汽车其他改造	3923	4668	5288	5705	4841	4808	3629	1327
充电技术和电池配套	5934	9034	12192	14269	14314	16335	14190	4274
电控	4282	5291	6009	6840	7173	7586	5736	1886
电池	5352	6733	7847	9669	9294	10399	8254	2852
电驱	3500	4436	4797	5054	4888	5126	3614	1213

图 1-2-9　纯电动汽车专利申请技术主题年代分布

　　如图 1-2-10 所示，截至 2022 年 9 月 26 日，纯电动汽车主要布局国家有中国、日本、美国、韩国、德国、法国、英国、印度等。

　　据分析，我国在实用新型以及外观设计方面的专利申请比例占到了 80%，而相对"含金量"较高的发明专利申请仅仅占到了 20%。由此可以看出，专利"含金量"较低，是国内新能源汽车技术专利申请走向国际化面临的重要问题之一。目前面临的自主创新能力不足、在新能源汽车产业中的投入不足等问题使企业在专利保护上的能力相对较弱，阻碍了新能源汽车技术专利的发展。

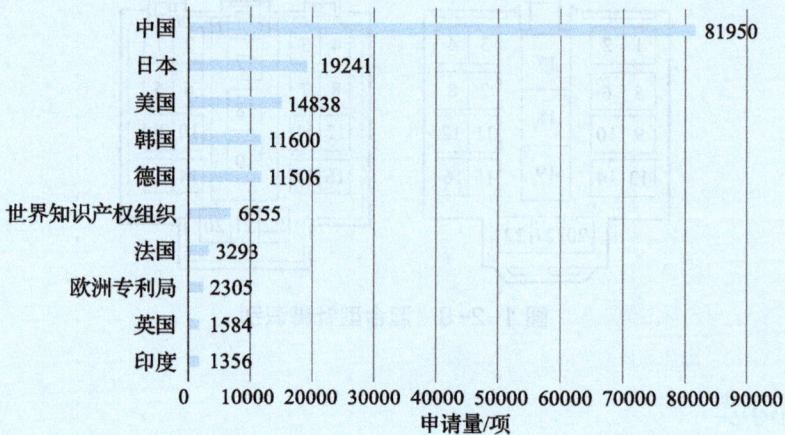

图1-2-10 纯电动汽车主要布局国家和地区分布情况

激烈的市场环境竞争条件下，加强新能源汽车技术的专利研究，提高新能源汽车技术研发的知识产权保护，对于保护新能源汽车技术这个新兴领域中的自主创新成果有着至关重要的作用。以下是新能源汽车技术专利保护的主要策略。

充分利用专利法律法规

根据我国专利法的规定，在以下两种情况下可以实施强制许可的行为：第一种情况是专利权被滥用的行为，第二种是反垄断法规定的行为。因此新能源汽车企业应该注意，在获得专利后需要通过技术实施获得专利技术方案，充分利用专利法律法规对技术专利进行保护，防止被他人提出强制许可申请。

主动研发，以专利去争夺市场

新能源汽车技术的研发应该从传统汽车行业的跟踪创新模式中走出来，积极研发，以增加原始性的创新成果，提高核心专利的占有率。与此同时，管理好新能源汽车技术的研发、专利申请、专利实施以及专利管理等各个环节中的工作，且在经济许可的前提下尽可能在多地多国申请技术专利，以专利争夺市场，积极保护自主研发的技术，让创新成果为企业带来最大的经济效益。

新能源领域专利发展任重道远，作为行业技术人才，应全面响应国家政策，技术上不断创新，密切保护企业和行业发明专利，将专利用到实处，发挥其最大的社会价值。

任务分组

学生任务分配表见表1-2-4。

表 1-2-4　学生任务分配表

班级		组号		指导老师	
组长		学号			
组员角色分配					
信息员		学号			
操作员		学号			
记录员		学号			
安全员		学号			
任务分工					

（就组织讨论、工具准备、数据采集、数据记录、安全监督、成果展示等工作内容进行任务分工）

工作计划

　　按照前面所了解的知识内容和小组内部讨论的结果，制定工作方案，落实各项工作负责人，如任务实施前的准备工作、实施中主要操作及协助支持工作、实施过程中相关要点及数据的记录工作等。

工作计划表

步骤	工作内容	负责人
1		
2		
3		
4		
5		
6		
7		
8		

进行决策

1）各组派代表阐述资料查询结果。

2）各组就各自的查询结果进行交流，并分享技巧。

3）教师对各组的计划方案进行点评。

4）各组长对组内成员进行任务分工，教师确认分工是否合理。

任务实施

引导问题 7

查阅相关资料，简述比亚迪秦 EV 车型线束名称与对应的位置编码。

_____

_____

_____

根据所学的比亚迪车系电路图识别相关知识，完成比亚迪秦 EV 电路图识读、线束位置编码规则识读及实车熔丝、继电器、线束与装配位置、插接器的识别。

实训准备			
序号	设备及工具名称	数量	设备及工具是否完好
1	数字万用表	1 台	□是　□否
2	绝缘防护套装	1 套	□是　□否
3	绝缘工具套装	1 套	□是　□否
4	常规工具套装	1 套	□是　□否
5	比亚迪秦 EV 整车	1 辆	□是　□否
质检意见	原因：		□是　□否

1. 比亚迪秦 EV 电路图识读

1）根据前面所学的内容，根据编码思考其在实车上对应的部分，并写出对应含义填入下表。

工作方案表

编码	名称	主要含义
电路图中编码"G2X"	G	
	2	
	X	

（续）

编码	名称	主要含义
电路图中编码 KJG02	K	
	J	
	G	
	02	
电路图中编码 B68	B	
	（空格）	
	68	
电路图中编码 F1/15 的熔丝	F	
	1	
	/	
	15	

2）查阅比亚迪秦 EV 车型线束名称与装配位置，根据线束名称思考其在实车上的位置，并填写下表。

工作方案表

线束名称	装配位置	位置编码
前舱线束		
仪表地板线束		
地板线束		
顶篷线束		
左前门线束		
右前门线束		
左后门线束		
右后门线束		

2. 比亚迪秦 EV 实车熔丝识别

比亚迪秦 EV 实车熔丝识别			
序号	步骤	记录	完成情况
1	理解 F1/37 的意义，打开秦 EV 前舱盖，打开前舱配电盒盖		已完成□ 未完成□

（续）

序号	步骤	记录	完成情况
2	根据编码找出 F1/37 熔丝位置 		已完成□ 未完成□
3	理解 F2/46 的意义，在秦 EV 仪表板配电盒盖找出 F2/46 熔丝位置 		已完成□ 未完成□
4	实训现场整理		已完成□ 未完成□
总结 提升			已完成□ 未完成□
质检 意见	原因：		已完成□ 未完成□

3. 比亚迪秦 EV 实车继电器识别

比亚迪秦 EV 实车继电器识别			
序号	步骤	记录	完成情况
1	理解继电器编码 K1/10 的意义，从前舱配电盒中，根据配电盒盖上的标识找出编码为 K1/10 继电器的对应位置 		已完成□ 未完成□

（续）

序号	步骤	记录	完成情况
2	理解继电器编码 K2/2 的意义，从仪表板配电盒中，根据配电盒盖上的标识找出编码为 K2/2 继电器的对应位置 		已完成□ 未完成□
3	实训现场整理		已完成□ 未完成□
总结提升			已完成□ 未完成□
质检意见	原因：		已完成□ 未完成□

4. 比亚迪秦 EV 实车线束与装配位置识别

比亚迪秦 EV 实车线束与装配位置			
序号	步骤	记录	完成情况
1	前舱线束的装配位置在前舱，编码为 B 		已完成□ 未完成□
2	仪表地板线束的装配位置在仪表台管梁，位置编码为 G 		已完成□ 未完成□

（续）

序号	步骤	记录	完成情况
3	地板线束的装配位置在地板，位置编码为 K 表：线束名称 / 装配位置 / 位置编码 前舱线束 / 前舱 / B 仪表地板线束 / 仪表台管梁 / G 地板线束 / 地板 / K 顶篷线束 / 顶篷 / P 左前门线束 / 左前门 / T 右前门线束 / 右前门 / U 左后门线束 / 左后门 / V 右后门线束 / 右后门 / W		已完成□ 未完成□
4	顶篷线束的装配位置在顶篷，位置编码为 P 表：线束名称 / 装配位置 / 位置编码 前舱线束 / 前舱 / B 仪表地板线束 / 仪表台管梁 / G 地板线束 / 地板 / K 顶篷线束 / 顶篷 / P 左前门线束 / 左前门 / T 右前门线束 / 右前门 / U 左后门线束 / 左后门 / V 右后门线束 / 右后门 / W		已完成□ 未完成□
5	左前门线束的装配位置在左前门，位置编码为 T 表：线束名称 / 装配位置 / 位置编码 前舱线束 / 前舱 / B 仪表地板线束 / 仪表台管梁 / G 地板线束 / 地板 / K 顶篷线束 / 顶篷 / P 左前门线束 / 左前门 / T 右前门线束 / 右前门 / U 左后门线束 / 左后门 / V 右后门线束 / 右后门 / W		已完成□ 未完成□
6	右前门线束的装配位置在右前门，位置编码为 U 表：线束名称 / 装配位置 / 位置编码 前舱线束 / 前舱 / B 仪表地板线束 / 仪表台管梁 / G 地板线束 / 地板 / K 顶篷线束 / 顶篷 / P 左前门线束 / 左前门 / T 右前门线束 / 右前门 / U 左后门线束 / 左后门 / V 右后门线束 / 右后门 / W		已完成□ 未完成□

（续）

序号	步骤	记录	完成情况
7	左后门线束的装配位置在左后门，位置编码为 V 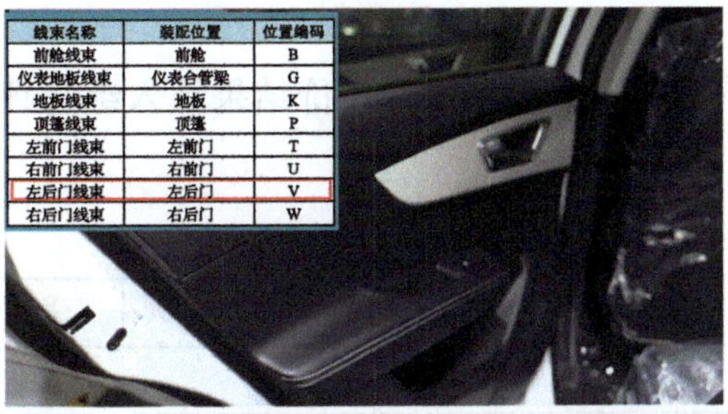 | 线束名称	装配位置	位置编码 | | 前舱线束 | 前舱 | B | | 仪表地板线束 | 仪表台管梁 | G | | 地板线束 | 地板 | K | | 顶篷线束 | 顶篷 | P | | 左前门线束 | 左前门 | T | | 右前门线束 | 右前门 | U | | 左后门线束 | 左后门 | V | | 右后门线束 | 右后门 | W |		已完成□ 未完成□
8	右后门线束的装配位置在右后门，位置编码为 W | 线束名称	装配位置	位置编码 | | 前舱线束 | 前舱 | B | | 仪表地板线束 | 仪表台管梁 | G | | 地板线束 | 地板 | K | | 顶篷线束 | 顶篷 | P | | 左前门线束 | 左前门 | T | | 右前门线束 | 右前门 | U | | 左后门线束 | 左后门 | V | | 右后门线束 | 右后门 | W 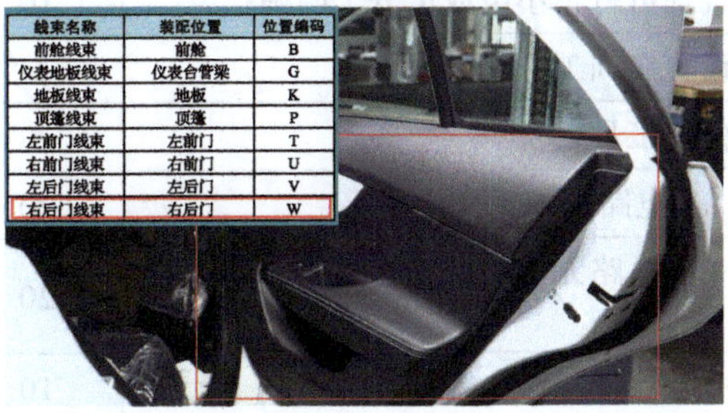 |		已完成□ 未完成□
9	实训现场整理		已完成□ 未完成□
总结 提升			已完成□ 未完成□
质检 意见	原因：		已完成□ 未完成□

5. 比亚迪秦 EV 实车线束插接器识别

比亚迪秦 EV 实车线束插接器识别			
序号	步骤	记录	完成情况
1	在电路图中找出编码 G2E，并在实车上找到其线束插接件位置		已完成□ 未完成□
2	在电路图中找出编码 KJG02，并在实车上找到其线束插接件位置		已完成□ 未完成□
3	实训现场整理		已完成□ 未完成□
总结 提升			已完成□ 未完成□
质检 意见	原因：		已完成□ 未完成□

💬 评价反馈

1）各组代表展示汇报 PPT，介绍任务的完成过程。

2）请以小组为单位，对各组的操作过程与操作结果进行自评和互评，并将结果填入综合评价表中的小组评价部分。

3）教师对学生工作过程与工作结果进行评价，并将评价结果填入综合评价表中的教师评价部分。

综合评价表

班级		组别		姓名		学号	
实训任务							
评价项目			评价标准			分值	得分
小组评价	计划决策		制定的工作方案合理可行，小组成员分工明确			10	
	任务实施		能够正确检查并设置实训工位			5	
			能够准备和规范使用工具设备			5	
			能够正确识读秦 EV 电路图的元件编码			20	
			能够正确进行秦 EV 电路元件在实车上的编码与位置识别			20	
			能够规范填写任务工单			10	
	任务达成		能按照工作方案操作，按计划完成工作任务			10	
	工作态度		认真严谨，积极主动，安全生产，文明施工			10	
	团队合作		小组组员积极配合、主动交流、协调工作			5	
	6S 管理		完成竣工检验、现场恢复			5	
			小计			100	
教师评价	实训纪律		不出现无故迟到、早退、旷课现象，不违反课堂纪律			10	
	方案实施		严格按照工作方案完成任务实施			20	
	团队协作		任务实施过程互相配合，协作度高			20	
	工作质量		能准确规范完成实训任务			20	
	工作规范		操作规范，三不落地，无意外事故发生			10	
	汇报展示		能准确表达，总结到位，改进措施可行			20	
			小计			100	
综合评分			小组评价分 ×50% ＋教师评价分 ×50%				
总结与反思							
（如：学习过程中遇到什么问题→如何解决的 / 解决不了的原因→心得体会）							

新能源汽车电气技术

能力模块二
掌握灯光系统和刮水洗涤
系统知识及信号测量方法

任务一　了解整车灯光和刮水洗涤控制系统

⏱ 学习目标

- 掌握各灯组的作用及安装位置。
- 掌握比亚迪秦EV灯光故障现象与排查方法。
- 掌握刮水器和洗涤器的控制方式。
- 掌握比亚迪秦EV刮水器和洗涤器故障现象与排查方法。
- 能通过比亚迪秦EV的电气原理图查找灯光和刮水洗涤系统的控制电路。
- 会根据维修手册的指引进行灯光信号、刮水洗涤信号的测量，并给出维修结论。
- 了解实训中可能存在的安全问题，明确职业道德中的敬业精神在实际操作中的重要性。

⊞ 知识索引

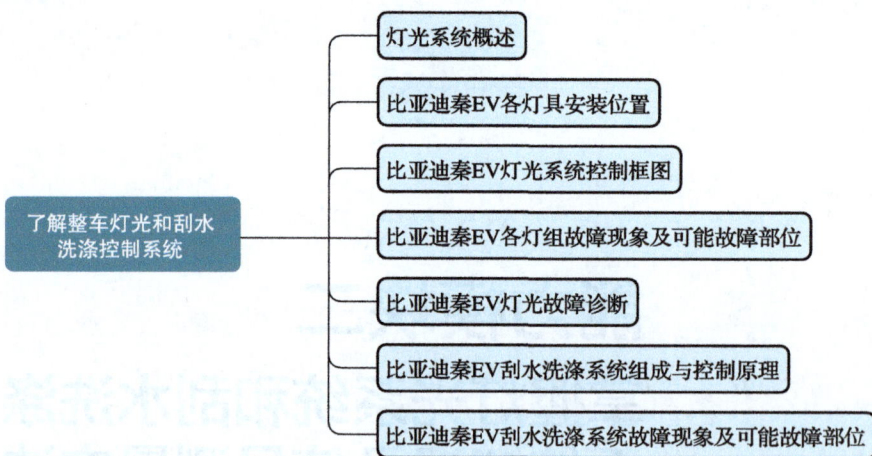

了解整车灯光和刮水洗涤控制系统
- 灯光系统概述
- 比亚迪秦EV各灯具安装位置
- 比亚迪秦EV灯光系统控制框图
- 比亚迪秦EV各灯组故障现象及可能故障部位
- 比亚迪秦EV灯光故障诊断
- 比亚迪秦EV刮水洗涤系统组成与控制原理
- 比亚迪秦EV刮水洗涤系统故障现象及可能故障部位

📖 情境导入

　　一辆比亚迪秦EV，驾驶人在夜间行驶时发现左侧近光灯不亮。维修人员检测后初步判断是左侧组合前照灯ECU故障。请你根据所学知识，判断故障具体部位，并分析故障原因，排除故障。

获取信息

引导问题 1

请查阅相关资料，简述汽车灯光系统的作用。

_____

_____

_____

引导问题 2

请查阅相关资料，简述汽车灯光系统的分类。

_____

_____

_____

灯光系统概述

灯光系统为汽车夜间行驶提供照明，在恶劣天气或车辆发生故障时提供警示作用。车外照明灯主要有前照灯、倒车灯、牌照灯、雾灯等，车内照明灯主要有室内灯、迎宾门灯、各开关背光灯等。各种灯安装在各自所需照明的位置，并配以各自的控制开关和线路及熔丝。

灯光照明系统同时具有信号提示功能，产生光信号，向其他车辆的驾驶人以及行人发出警告，以引起注意，确保车辆行驶的安全，包括转向信号、制动信号、危险警告信号及示廓信号、倒车信号等。比亚迪秦 EV 车型除了具有传统灯光照明功能外，还配有自动灯光及前照灯延时退电功能，使灯光的使用更便利及人性化。

1）自动灯光：将组合开关端的灯光开关组调到 AUTO 档，车身控制器（BCM）会根据光照强度传感器采集的外界光照强度进行判定，自动控制灯光开启或关闭，并根据光强不同开启小灯或前照灯。

2）前照灯延时退电：当车辆前照灯打开，车辆电源从 ON 档退电到 OFF 档时，前照灯不会立即熄灭，灯光开关组自动计时让前照灯再亮 10s 后断开灯光继电器，熄灭前照灯。

引导问题 3

请查阅相关资料，简述比亚迪秦 EV 车头灯的组成。

_____

_____

_____

引导问题 4

请查阅相关资料，简述比亚迪秦 EV 车尾灯的组成。

_____

_____

_____

比亚迪秦 EV 各灯具安装位置

在汽车上，灯光系统主要分布在车头位置、车尾位置、车侧位置、车内等几个部位，具体灯光位置如图 2-1-1~ 图 2-1-3 所示。

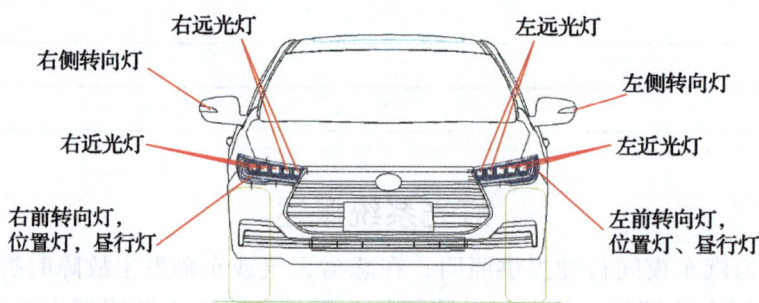

图 2-1-1　车头灯光名称

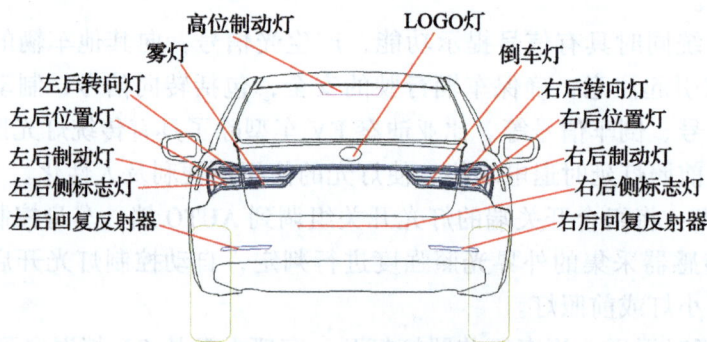

图 2-1-2　车尾灯光名称

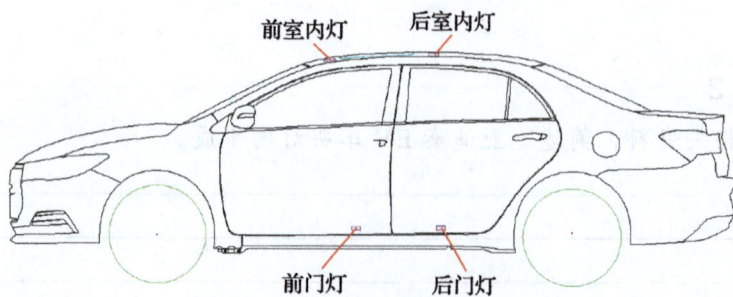

图 2-1-3　车侧和车内灯光名称

引导问题 5

请查阅相关资料，简述比亚迪秦 EV 控制倒车灯的过程。

_____

_____

_____

比亚迪秦 EV 灯光系统控制框图

图 2-1-4 所示为灯光系统控制框图。驾驶人手持智能钥匙打开车门后，进入驾驶室内通过旋转组合开关来控制灯光照明系统。拧开组合开关，仪表 ▤▤▥ 指示灯点亮，组合开关的信号通过舒适网在网关控制器内与集成式车身控制器进行通信，BCM 控制小灯打开。

制动灯的控制方式与其他灯光的控制方式不一样，制动信号通过整车控制器（VCU）采集，然后由 VCU 通过网关控制器与 BCM 通信，控制制动灯点亮。

当前照灯的灯光射程不够时，可操作中控屏使用前照灯高度调节电机进行调节。由于比亚迪秦 EV 的低压蓄电池容量较低，打开前照灯后，电量下降相对比较快，因此需要打开前照灯时，建议给整车上电，通过 DC-DC 变换器给车辆低压系统供电，避免低压蓄电池亏电造成车辆无法起动。

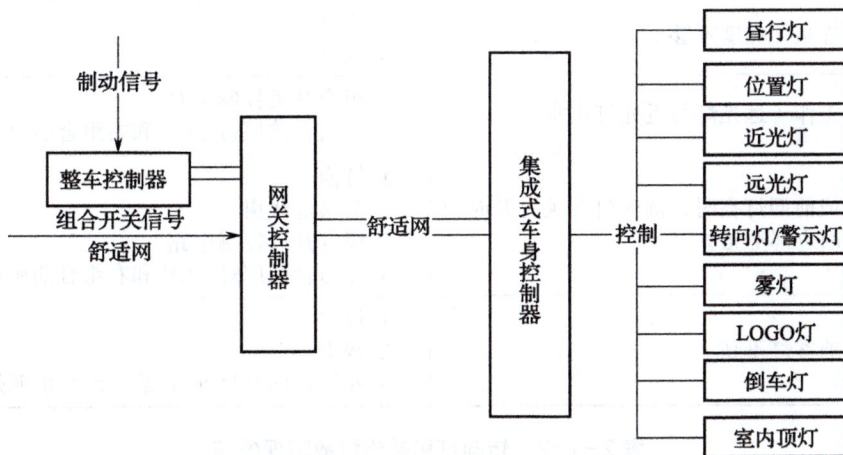

图 2-1-4　灯光系统控制框图

引导问题 6

请查阅相关资料，写出比亚迪秦 EV 汽车近光灯可能出现的故障现象及故障部件。

_____

_____

_____

比亚迪秦 EV 各灯组故障现象及可能故障部位

当汽车出现故障时，可以根据故障现象进行分析得出可能出现故障的部位。表 2-1-1 为灯光故障现象表，表 2-1-2 为转向灯和警告灯故障现象表，表 2-1-3 为制动灯故障现象表，表 2-1-4 为位置、牌照灯故障现象表，表 2-1-5 为倒车灯故障现象表，表 2-1-6 为照地灯故障现象表，表 2-1-7 为室内灯故障现象表，表 2-1-8 为手动前照灯调节故障现象表。可根据以下表格，对灯光系统出现问题的部位进行分析，得出可能出现故障的部位。

表 2-1-1　灯光故障现象表

故障描述	可能故障部位
近光灯不亮（一侧）	1.灯泡 2.左组合前照灯 ECU 或右组合前照灯 ECU
近光灯不亮（两边都不亮）	1.灯泡 2.左组合前照灯 ECU 和右组合前照灯 ECU 3.组合开关控制电路
远光灯不亮（一边）	1.灯泡 2.左组合前照灯 ECU 或右组合前照灯 ECU
远光灯不亮（两边都不亮）	1.灯泡 2.左组合前照灯 ECU 和右组合前照灯 ECU 3.组合开关控制电路
前灯灯光昏暗（亮度不够）	1.蓄电池 2.线束
超车灯不工作（远光灯与近光灯正常）	1.组合开关控制电路 2.左组合前照灯 ECU 和右组合前照灯 ECU
当小灯亮或前照灯亮时，前雾灯开关打开时前雾灯不亮（两边都不亮）	1.灯泡 2.前雾灯线束 3.组合开关控制电路 4.左组合前照灯 ECU 和右组合前照灯 ECU
只有一个前雾灯不亮	1.灯泡 2.线束 3.左组合前照灯 ECU 或右组合前照灯 ECU

表 2-1-2　转向灯和警告灯故障现象表

故障描述	可能故障部位
打开左右转向开关和按下紧急报警开关时转向灯都不工作	1.转向灯 / 危险警告灯熔丝 2.闪光继电器 3.转向灯 / 危险警告灯电路 4.BCM
按下紧急报警开关时不工作（转向时正常）	1.紧急报警开关电路 2.BCM
左右转向时，转向灯都不工作（危险警告灯工作正常）	1.组合开关控制电路 2.BCM

（续）

故障描述	可能故障部位
一侧转向灯全不亮	1. 组合开关控制电路 2. 转向灯 / 危险警告灯电路 3. 闪光继电器 4. BCM
只有一个或几个转向灯不亮	1. 灯泡 2. 线束

表 2-1-3　制动灯故障现象表

故障描述	可能故障部位
制动灯不亮（高位和左右制动灯都不亮）	1. 喇叭 / 制动灯熔丝 2. 制动灯电路
只有一个制动灯不亮	1. LED 灯 2. 线束

表 2-1-4　位置、牌照灯故障现象表

故障描述	可能故障部位
位置灯和牌照灯都不亮	1. 前位置灯熔丝 2. 组合开关控制电路 3. 内部小灯继电器 4. 位置灯 / 牌照灯电路 5. 继电器控制模块
只有一个或几个位置灯或牌照灯不亮	1. LED 灯或灯泡 2. 线束

表 2-1-5　倒车灯故障现象表

故障描述	可能故障部位
倒档时倒车灯都不亮	1. 倒车灯开关电路 2. 倒车灯电路 3. BCM
仅一个倒车灯不亮	1. 灯泡 2. 线束

表 2-1-6　照地灯故障现象表

故障描述	可能故障部位
车辆进入防盗状态，携带钥匙靠近车辆照地灯都不亮	1. 照地灯电路 2. BCM 或门控 ECU
仅一个照地灯不亮	1. LED 2. 线束

表 2-1-7　室内灯故障现象表

故障描述	可能故障部位
门灯不亮	1. 室内照明熔丝 2. 门灯电路 3. BCM
所有背光灯不亮	1. 前位灯熔丝 2. 小灯继电器 3. 继电器控制模块
室内灯不亮	1. 室内照明熔丝 2. 室内灯总成电路 3. 线束

表 2-1-8　手动前照灯调节故障现象表

故障描述	可能故障部位
手动前照灯调节不工作	1. 前照灯调节开关 2. 左（右）调节电机 3. 线束

引导问题 7

请查阅相关资料，简述如何检查比亚迪秦 EV 的倒车灯故障。

_____

_____

_____

比亚迪秦 EV 灯光故障诊断

当比亚迪秦 EV 各组灯出现故障时，可以在图 2-1-5 和图 2-1-6 所示的 BCM 端的灯光控制插接件后端测量对应端子，并根据表 2-1-9 中的端子正常值范围来分析故障。

图 2-1-5　比亚迪秦 EV 的 BCM 安装位置

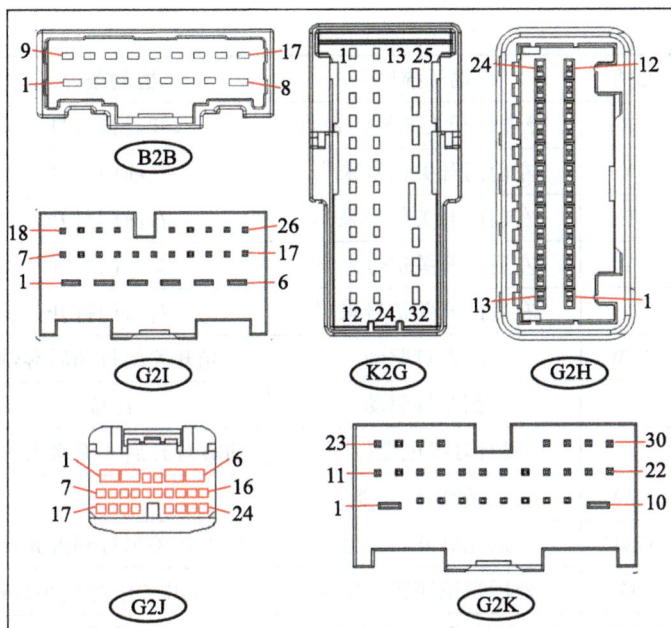

图 2-1-6　比亚迪秦 EV BCM 端的灯光控制插接件

表 2-1-9　比亚迪秦 EV BCM 端灯光插接件各端子测量值对照表

端子号	线色	端子描述	检测条件	正常值
B2B-4—G2E-36	L	制动灯开关信号采集	踩下制动踏板	<1Ω
B2B-13—车身地	O	0V 制动信号采集	踩下制动踏板	11~14V
B2B-15—车身地	W/R	左前转向灯驱动	组合开关打到左转向灯档	—
B2B-16—车身地	W/R	右前转向灯驱动	组合开关打到右转向灯档	—
K2G-12—车身地	R/W	制动灯驱动	踩下制动踏板	11~14V
K2G-21—车身地	R	左后转向灯驱动	组合开关打到左转向灯档	—
K2G-23—车身地	Br	右后转向灯驱动	组合开关打到右转向灯档	—
G2H-3—车身地	R/W	牌照灯 /LOGO 灯	—	—
G2H-4—车身地	R/Y	行李箱灯驱动	后背门打开	11~14V
G2H-5—车身地	L	左前门灯驱动	左前门打开	11~14V
G2H-6—车身地	L	右前门灯驱动	右前门打开	11~14V
G2H-7—车身地	Y	左后门灯驱动	左后门打开	11~14V
G2H-8—车身地	Y	右后门灯驱动	右后门打开	11~14V
G2H-9—车身地	R/B	小灯驱动	灯光开关组打到小灯档	11~14V
G2H-10—车身地	R/B	背光电源	始终	11~14V
G2H-21—车身地	G	警告灯信号采集	按下开关时	<1Ω
G2I-1—车身地	G/W	近光灯继电器控制	近光灯开启（卤素大灯）	11~14V
G2I-7—车身地	L/Y	远光灯继电器控制	远光灯开启（卤素大灯）	11~14V

（续）

端子号	线色	端子描述	检测条件	正常值
G2I-15—车身地	R	警告灯开关指示灯驱动	开启警告灯	<1V
G2I-17—车身地	Y	左前门开关信号采集	左前门打开	<1Ω
G2I-18—车身地	L	右前门开关信号采集	右前门打开	<1Ω
G2I-19—车身地	Y	左后门开关信号采集	左后门打开	<1Ω
G2I-20—车身地	L	右后门开关信号采集	右后门打开	<1Ω
G2J-1—车身地	R/W	后雾灯驱动	灯光开关组打到后雾灯档	11~14V
G2J-2—车身地	—	倒车灯驱动	R 位	11~14V
G2J-5—车身地	L	昼行灯继电器控制	前雾灯开启（卤素大灯）	11~14V
G2J-6—车身地	G/W	后转向灯使能	—	11~14V
G2J-22—车身地	Gr/G	近光灯开启信号	灯光开关组打到近光灯档	<1V
G2K-12—车身地	G	外后视镜照脚灯驱动	灯光开关组打到小灯档	11~14V
G2K-2—车身地	V	起动子网 –CAN L	始终	1.5~2.5V
G2K-3—车身地	P	起动子网 –CAN H	始终	2.5~3.5V
G2K-4—车身地	V	舒适网 1–CAN L	始终	1.5~2.5V
G2K-5—车身地	P	舒适网 1–CAN H	始终	2.5~3.5V
G2K-6—车身地	V	动力网 –CAN L	始终	1.5~2.5V
G2K-7—车身地	P	动力网 –CAN H	始终	2.5~3.5V
G2K-15—车身地	Y	光照强度信号采集（AD值）	始终	—
G2K-16—车身地	R	光照强度传感器供电	始终	11~14V
G2D-15	Y/G	右侧转向灯驱动	—	—
G2D-16	G/Y	左侧转向灯驱动	—	—

引导问题 8

　　请查阅相关资料，简述比亚迪秦 EV 的刮水洗涤系统组成。

_____

_____

比亚迪秦 EV 刮水洗涤系统组成与控制原理

　　汽车刮水器与洗涤器开关控制刮水器与洗涤器，在雨天或下雪天行驶时使用，可清除风窗玻璃上的雨雪，为驾驶人提供方便、安全、可靠的手段来保证风窗的视野。图 2-1-7 所示是刮水器和洗涤器安装位置。刮水和洗涤系统主要由刮水器臂总成、刮水器连杆机构、刮水片、刮水电机、洗涤泵、洗涤液壶、洗涤管及喷嘴等部件组成，刮水器有间歇档、慢速档、快速档等不同档位。

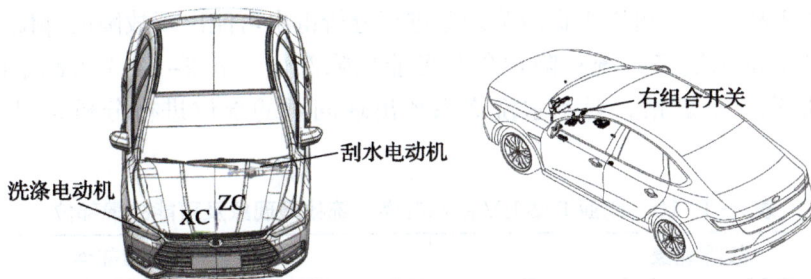

图 2-1-7　刮水器和洗涤器安装位置

图 2-1-8 所示为刮水洗涤系统控制框图。前舱配电盒给集成式车身控制器（BCM）供电，按下点火开关后，将刮水开关拧至低速档位时，组合开关信号通过舒适网 1 与 BCM 进行通信，BCM 将刮水速度控制继电器从高电平拉低至低电平，控制刮水电机低速运转，当档位调节至高速档位时，刮水电机高速运转；当前风窗玻璃视野不清晰时，只需要将刮水组合开关向上提几秒，就会控制洗涤电机工作，将玻璃清洗液喷至前风窗玻璃上，刮水器同时以低速运转。

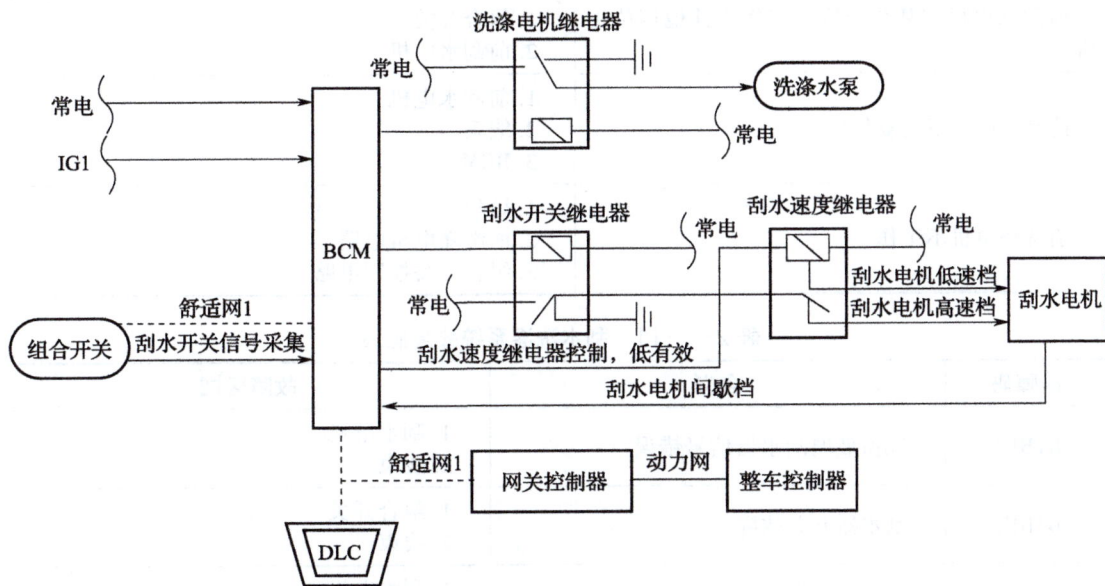

图 2-1-8　刮水洗涤系统控制框图

❓ 引导问题 9

　　请查阅相关资料，写出比亚迪秦 EV 刮水洗涤系统可能出现的故障现象。

_____

_____

_____

比亚迪秦 EV 刮水洗涤系统故障现象及可能故障部位

当汽车出现故障时，可以根据故障现象进行分析得出可能出现故障的部位。表 2-1-10 为比亚迪秦 EV 刮水洗涤系统故障现象及可能故障部位，表 2-1-11 为刮水洗涤系统故障码表。可根据以下表格，对刮水洗涤系统出现问题的部位进行分析，得出可能出现故障的部位。

表 2-1-10　比亚迪秦 EV 刮水洗涤系统故障现象及可能故障部位

故障现象	可能故障部件
刮水洗涤系统都不工作	1. 组合开关控制电路 2. BCM 3. 熔丝 4. 洗涤电机 5. 前舱配电盒
前刮水电机不工作	1. 熔丝 2. 前刮水电机电路 3. 组合开关控制电路 4. 前舱配电盒 5. BCM
前刮水电机在某个档位不工作（其他档位正常）	1. 组合开关 2. 前刮水电机
前刮水电机不能复位	1. 前刮水电机 2. 线束 3. BCM
前洗涤电机不工作	1. 熔丝 2. 前洗涤电机电路 3. 组合开关控制电路

表 2-1-11　刮水洗涤系统故障码表

故障码	含义	故障区域
B1BE1	风窗玻璃刮水器信号错误	1. 刮水电机 2. 线束
B1BE2	刮水器开关故障	1. 组合开关 2. 线束
B1BE3	刮水器复位信号故障	1. 刮水电机 2. 线束

📖 拓展阅读

2023 年 1 月 8 日 0 时 49 分许，S517 连接线发生一起重大道路交通事故。经核查，该事故已造成 17 人死亡、22 人受伤，伤者已及时送医院救治，事故原因正在深入调查。同日发布消息，当前该地区正迎来大雾天气，雾天行车视线不好、能见度低，容易引发交通事故，请广大驾驶人行车时注意开启雾灯、示廓灯和前后位灯，减速慢行、谨慎驾驶，要与前车保持足够的安全车距，注意避让行人，切忌随意变道和超车。据分析该事故发生有诸多原因：受害人安全意识薄弱，人群聚集在省道路面；半夜驾驶人易疲劳驾驶；大雾天气；货车车速快等。究其根本原因，一是大雾天气导致驾驶人视线受阻；二是没有控制好车速。

　　诸如此类事故有很多，一般在大雾、雨天、下雪等恶劣天气出行时，车窗上易出现雨水、雾气、水珠等挡住驾驶人视野，从而引发交通事故。刮水系统是汽车的主要安全装置之一，它能够在雨天或雪天时将落在车窗上的雨滴和雪花消除，在泥泞的道路上行驶时能将飞溅到前风窗上的泥水刮净，保证驾驶人的视野，以确保车辆行驶的安全。因此，应当定期检查刮水器等安全设施，如遇车辆起雾，打开车内的空调系统制冷，让冷风吹向有雾气的玻璃，切不可在驾驶过程中直接用手或抹布擦除。同时也应定期检查或更换刮水器，清除前排侧窗和后窗玻璃雨水。遇到结霜结冰天气，切不可直接打开刮水器，此时不但无法清除冰层，还会严重损害刮水器和玻璃，应使用专用的玻璃冰霜铲去除玻璃上的冰霜，只能单向推，来回刮会划伤玻璃，清理后开启暖风除霜来清除残留的冰碴。遇到大雪天气，可以按照类似的方法处理。

　　刮水系统虽是汽车车身上非常小且简单的零件，但是对行车安全起到非常重要的作用。在汽车生产制造过程中，工匠精神的重要性不言而喻，任何细微的误差都可能对汽车的美观、操控、安全等性能产生影响。对于汽车技术人员，更应该发挥工匠品质，秉持严谨的态度，让汽车研发、生产制造、售后维修等过程更加精细化，具体到每一个细节，始终依靠品质引领行业发展。

🏫 任务分组

学生任务分配表见表 2-1-12。

表 2-1-12　学生任务分配表

班级		组号		指导老师	
组长		学号			
组员角色分配					
信息员		学号			
操作员		学号			
记录员		学号			
安全员		学号			
任务分工					
（就组织讨论、工具准备、数据采集、数据记录、安全监督、成果展示等工作内容进行任务分工）					

📋 工作计划

按照前面所了解的知识内容和小组内部讨论的结果，制定工作方案，落实各项工作负责人，如任务实施前的准备工作、实施中主要操作及协助支持工作、实施过程中相关要点及数据的记录工作等。

工作计划表

步骤	工作内容	负责人
1		
2		
3		
4		
5		
6		
7		
8		

⚖ 进行决策

1）各组派代表阐述资料查询结果。

2）各组就各自的查询结果进行交流，并分享技巧。

3）教师对各组的计划方案进行点评。

4）各组长对组内成员进行任务分工，教师确认分工是否合理。

🛠 任务实施

❓ 引导问题 10

扫描二维码观看视频，了解整车灯光系统的检查过程，并简述操作要点。

_____

_____

灯光系统检查
（秦 EV）

根据所学整车灯光系统相关知识，在比亚迪秦 EV 实车上完成灯光系统的检查，并完成实训工单的填写。

实训准备			
序号	设备及工具名称	数量	设备及工具是否完好
1	一体化集成工量具	1 套	□是　□否
2	三层工具车	1 辆	□是　□否

（续）

序号	设备及工具名称	数量	设备及工具是否完好
3	车内四件套	1套	□是　□否
4	安全防护套装	1套	□是　□否
5	耐磨手套	若干	□是　□否
6	警示牌	1套	□是　□否
7	灭火器	1套	□是　□否
8	比亚迪秦EV	1辆	□是　□否
质检意见	原因：		□是　□否

灯光系统检查（秦EV）

灯光系统检查（秦EV）			
序号	步骤	记录	完成情况
1	**准备工作** 检查耐磨手套有无破损，如有破损需进行更换 将车辆正确停放至工位，放置车轮挡块 规范铺设车内四件套 进入车内，踩下制动踏板，按下起动开关，降下驾驶位车窗，确认车辆状态		已完成□ 未完成□
2	打开并检查日光灯		已完成□ 未完成□
3	打开并检查前方左转向灯		已完成□ 未完成□
4	打开并检查前方右转向灯		已完成□ 未完成□
5	打开并检查近光灯		已完成□ 未完成□
6	打开并检查远光灯		已完成□ 未完成□
7	打开并检查变光灯		已完成□ 未完成□
8	打开并检查前方危险警告灯		已完成□ 未完成□
9	打开并检查后视宽灯与牌照灯		已完成□ 未完成□
10	打开并检查后方左转向灯		已完成□ 未完成□
11	打开并检查后方右转向灯		已完成□ 未完成□

（续）

序号	步骤	记录	完成情况
12	打开并检查后雾灯		已完成□ 未完成□
13	打开并检查后方危险警告灯		已完成□ 未完成□
14	打开并检查制动灯		已完成□ 未完成□
15	打开并检查倒车灯		已完成□ 未完成□
16	灯光系统检查完毕，关闭所有灯光		已完成□ 未完成□
17	**实训现场 6S 整理** 规范拆除车内四件套 回收车轮挡块 清点工具，放回原位 进行场地 6S 工作		已完成□ 未完成□
总结 提升			已完成□ 未完成□
质检 意见	原因：		已完成□ 未完成□

评价反馈

1）各组代表展示汇报 PPT，介绍任务的完成过程。

2）以小组为单位，对各组的操作过程与操作结果进行自评和互评，并将结果填入综合评价表中的小组评价部分。

3）教师对学生工作过程与工作结果进行评价，并将评价结果填入综合评价表中的教师评价部分。

综合评价表

班级		组别		姓名		学号	
实训任务							
评价项目		评价标准				分值	得分
小组评价	计划决策	制定的工作方案合理可行，小组成员分工明确				10	
	任务实施	能够正确检查并设置实训工位				5	
		能够准备和规范使用工具设备				5	
		能够正确完成检查比亚迪秦 EV 灯光系统前的准备工作				20	
		能够正确检查比亚迪秦 EV 灯光系统				20	
		能够规范填写任务工单				10	

（续）

评价项目		评价标准	分值	得分
小组评价	任务达成	能按照工作方案操作，按计划完成工作任务	10	
	工作态度	认真严谨，积极主动，安全生产，文明施工	10	
	团队合作	小组组员积极配合、主动交流、协调工作	5	
	6S 管理	完成竣工检验、现场恢复	5	
	小计		100	
教师评价	实训纪律	不出现无故迟到、早退、旷课现象，不违反课堂纪律	10	
	方案实施	严格按照工作方案完成任务实施	20	
	团队协作	任务实施过程互相配合，协作度高	20	
	工作质量	能准确规范完成实训任务	20	
	工作规范	操作规范，三不落地，无意外事故发生	10	
	汇报展示	能准确表达，总结到位，改进措施可行	20	
	小计		100	
综合评分		小组评价分 ×50% ＋教师评价分 ×50%		

总结与反思

（如：学习过程中遇到什么问题→如何解决的 / 解决不了的原因→心得体会）

任务二 | 测量整车灯光和刮水系统控制信号

学习目标

- 掌握比亚迪秦 EV 灯光组合开关控制方式。
- 掌握比亚迪秦 EV 刮水器和洗涤器开关控制方式。
- 能通过比亚迪秦 EV 的电气原理图查找各灯光和刮水洗涤系统的控制电路。
- 会根据维修手册的指引进行灯光信号、刮水洗涤信号的检测与故障排查。
- 了解实训中可能存在的安全问题，明确职业道德中的敬业精神在实际操作中的重要性。

知识索引

```
                                        ┌─ 汽车灯光组合开关
    测量整车灯光和刮水 ──────────────┤
    系统控制信号                        └─ 刮水器和洗涤器开关
```

情境导入

一辆比亚迪秦 EV，车主反映行驶时开启刮水高速档无反应，但低速档正常，维修人员检测后初步判断是刮水继电器故障。请你根据所学知识，完成刮水系统线路检修，确定故障部位，并分析原因，排除故障。

获取信息

引导问题 1

请查阅相关资料，简述在比亚迪秦 EV 转向盘左下方转向柱上的组合控制开关有几个灯光控制档位。

_____

_____

_____

引导问题 2

请查阅相关资料，简述什么情况下才能使用远光灯。

_____

_____

_____

汽车灯光组合开关

汽车灯光组合开关是汽车日常使用最频繁的部件之一。照明灯光和信号灯光采用一个开关进行控制，即小灯（示宽灯）、近光灯、远光灯、转向灯、会车变光灯由一个开关控制。常见的灯光控制开关是拨杆式的，安装在转向盘左下方转向柱上。

黑色三角标志在最上面，代表灯光系统全部关闭，如图 2-2-1 所示。

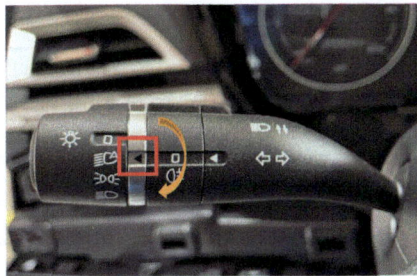

图 2-2-1　灯光系统全关闭

按照箭头旋转灯光控制开关，第二档为自动灯光控制，自动前照灯光感传感器安装在风窗玻璃的最上方中间位置，此安装位置既不影响驾驶人行车视线，也可以很好地感知外界光线强弱。当将灯光调到 Auto 档，如果车辆进入隧道或外界光线变暗时，此时传感器感知光线变暗后会迅速将信号传递到灯光模块，系统根据信号反馈打开近光灯，提供额外照明。整个过程不需要驾驶人任何操作，更不会分散行车视线与注意力，有助于安全行车。

第三档是小灯（示宽灯）。前后小灯点亮后，用于提示前后车辆当前车辆的宽度，主要用于夜晚，目的是让其他车辆看见。

第四档是近光灯。近光灯是为了近距离照明，设计要求是照射范围大（160°）、照射距离短，聚光度无法调节。

组合开关往上提打开远光灯。只有在路上没有其他照明设备，而且对面没有车辆行驶的情况下，才能使用远光灯，否则会严重干扰对方车辆视线，容易造成交通事故。一定要小心不要误将远光灯当近光灯使用。碰到以下几种情况必须立即将远光灯换成近光灯：一是对面有来车；二是与前面同方向的车距离较近；三是路上已经有足够的照明；四是过铁路交叉道口和行驶在交通繁忙的街道上。

旋转雾灯开关，打开雾灯。有些车辆前后都安装有雾灯，前雾灯标志为⯅，后雾灯标志为⯅。在雾霾天气或夜晚行车，要开启雾灯，这样在能见度比较低的情况下，让前方车辆驾驶人远距离就能看见对面来车，有利于行车安全。比亚迪秦 EV 车型只安装有后雾灯。图 2-2-2 所示为雾灯开关位置示意图。

注意：任何车型需要雾灯工作时，必须打开小灯开关。

往上拨 / 往下拉打开车辆的转向灯，它是提示前后左右车辆及行人注意的重要指示灯，如图 2-2-3 所示。

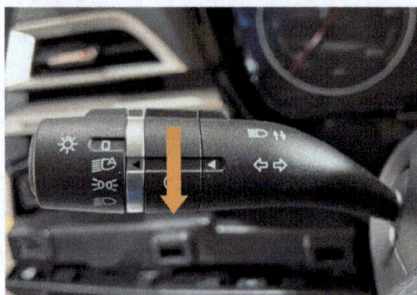

图 2-2-2　雾灯开关位置示意图

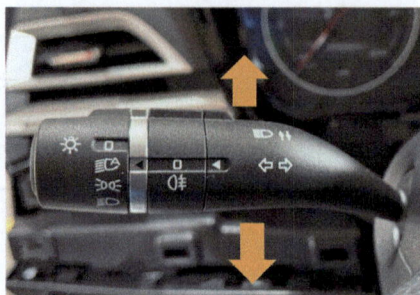

图 2-2-3　转向灯开关示意图

引导问题 3

请查阅相关资料，简述刮水器和洗涤器开关分成几个档位。

_____

_____

_____

刮水器和洗涤器开关

洗涤器是向前风窗玻璃上喷水，而刮水器是将风窗玻璃刮拭干净，确保驾驶人有良好的视线，保证行车安全。刮水器及洗涤器开关一般安装在转向盘的右下方。图 2-2-4 所示为洗涤器开关。

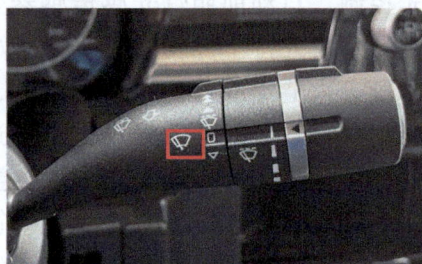

图 2-2-4　洗涤器开关

刮水器和洗涤器开关分成以下几个档位：

1）关闭档位。当刮水器的开关置于 OFF 档时，自动回位装置与刮水电机关闭档接通，转到一定角度时刮水电机停止工作。

2）间歇档位。刮水器开关往下拨一档时，自动回位装置与刮水电机的低速档接通，同时电源与间歇继电器一端接通，刮水器进入间歇工作状态。同时向下旋转刮水器开关，刮水器间歇工作的时间变短。图 2-2-5 所示为刮水间歇档开关位置。

3）低速档位。刮水器开关往上拨两档为低速档，电源与刮水电机的低速档接通，刮水电机低速工作。图 2-2-6 所示为刮水低速档开关位置。

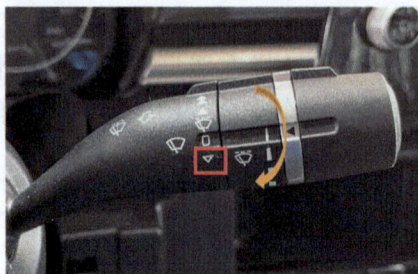

图 2-2-5　刮水间歇档开关位置

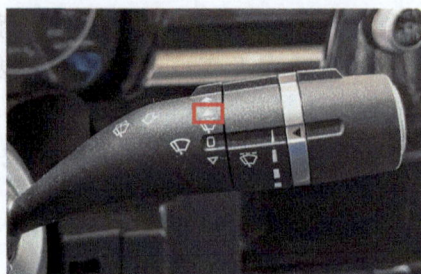

图 2-2-6　刮水低速档开关位置

4）高速档位。刮水器开关往上拨三档为高速档，电源与刮水电机的高速档接通，刮水电动机高速工作。图 2-2-7 所示为刮水高速档开关位置。

5）刮水器开关置于 OFF 档向上提开关，刮水电机与低速档接通，刮水电机短促运转，洗涤器电动机向前风窗玻璃喷玻璃水对玻璃进行洗涤。图 2-2-8 所示为刮水器关闭位置。

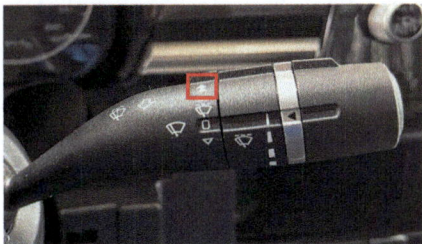

图 2-2-7　刮水高速档开关位置

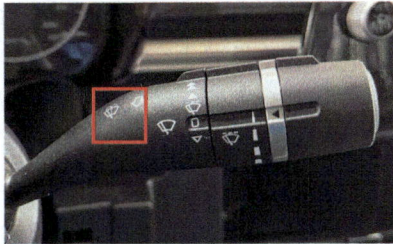

图 2-2-8　刮水器关闭位置

📖 拓展阅读

电动刮水器是现代汽车的"必需品"，在雨天的行车安全都靠这两个小小的撑杆来保障，但其实在刮水器问世之前，汽车、火车早已诞生，而汽车诞生十多年后刮水器才出现。在此之前，人们要想清除风窗玻璃上的污渍、雨水，只能是一边开车一边用抹布清洁玻璃，或者用海绵、刮刀甚至水果蔬菜进行尝试。由于没有刮水器，雨雪天气下车祸率居高不下。

因此在没有刮水器的时代，甚至有一部分人只会在晴天选择开车出门，极大阻碍了通勤便捷性。刮水器的发明者是玛丽·安德森（Mary Anderson），她于 1866 年出生于亚拉巴马州格林县的伯顿山种植园，其父约翰·安德森（John Anderson）是当地的一位农场主，但他在 1870 年时因病去世，这也让玛丽·安德森不得不与丧偶的母亲和姐姐一起搬到了亚拉巴马州的繁华小镇伯明翰。

得益于父亲是农场主，所以玛丽和其家人在父亲死后得到了大笔的遗产，可能是遗传了父亲买卖、经营的天赋，玛丽·安德森定居伯明翰后不久就成为当地一名房地产开发商，并在高地大道建造了费尔蒙公寓。1893 年，玛丽·安德森离开伯明翰，前往加利福尼亚州弗雷斯诺开始经营牧场和葡萄园。

至此，玛丽·安德森已经成为一名优秀的企业家，自己和一家人的生活也开始重新走向富庶。1902 年，玛丽·安德森来到了纽约市，在一个寒冷的日子里坐在有轨电车上准备前往目的地。她观察到，由于雨夹雪，有轨电车司机很难透过窗户看外面，虽然当时电车的前窗专为恶劣天气下改善能见度而设计，但其多窗格风窗玻璃系统的防雾效果非常差。

因此，为了扫清视线，司机需要打开车窗探出身子，或者停下车，用抹布擦拭风窗玻璃。虽然玛丽·安德森不是工程师而是一位企业家，但她发现了问题并迅速联想到解决方案，设想了一种电车司机可以从内部操作的风窗玻璃刮水片。而那时虽然交通事故频发，但很少有人注意到这一问题。

　　　　回到亚拉巴马州后，她聘请了一名手动操作设备的设计师，传达了保持风窗玻璃干净的想法，并让设计师迅速设计出模型，同时让当地一家公司生产了一个工作模型。她申请了一项为期17年的风窗玻璃刮水器专利，并于1903年获得批准。该专利申请于1903年6月18日提交，1903年11月10日，美国专利局授予安德森窗户清洁设备专利号743801。

　　　　这个装置由设计在车内的一个杠杆结构组成，该杠杆控制风窗玻璃外侧的橡胶刮片，通过操作杠杆使弹簧控制摇臂在风窗玻璃上来回移动，单独设计的配重用于确保刮水器和风窗之间运动的平衡性。冬天、雨天结束后，还可以轻松拆除该设备，不影响车辆外观。

　　　　1913年后，汽车市场呈指数增长，越来越多的用户反映车辆在雨雪天气行驶时的视线问题。而玛丽·安德森的刮水器发明专利于1920年到期，直至1922年，凯迪拉克成为第一家采用玛丽·安德森刮水器作为标准设备的汽车制造商。

任务分组

学生任务分配表见表2-2-1。

表2-2-1　学生任务分配表

班级		组号		指导老师	
组长		学号			
组员角色分配					
信息员		学号			
操作员		学号			
记录员		学号			
安全员		学号			
任务分工					
（就组织讨论、工具准备、数据采集、数据记录、安全监督、成果展示等工作内容进行任务分工）					

工作计划

　　按照前面所了解的知识内容和小组内部讨论的结果，制定工作方案，落实各项工作负责人，如任务实施前的准备工作、实施中主要操作及协助支持工作、实施过程中相关要点及数据的记录工作等。

工作计划表

步骤	工作内容	负责人
1		
2		
3		
4		
5		
6		
7		
8		

进行决策

　　1）各组派代表阐述资料查询结果。

　　2）各组就各自的查询结果进行交流，并分享技巧。

　　3）教师对各组的计划方案进行点评。

　　4）各组长对组内成员进行任务分工，教师确认分工是否合理。

任务实施

引导问题 4

　　扫描二维码观看视频，了解测量比亚迪秦 EV 灯光系统信号的过程，并简述操作要点。

_____

灯光系统信号的测量（秦 EV）

　　根据所学整车灯光系统相关知识，在比亚迪秦 EV 实车上完成灯光系统信号的测量，并完成实训工单的填写。

实训准备			
序号	设备及工具名称	数量	设备及工具是否完好
1	一体化集成工量具	1 套	□是　□否
2	三层工具车	1 辆	□是　□否

（续）

序号	设备及工具名称	数量	设备及工具是否完好
3	车内四件套	1套	□是　□否
4	车外三件套	1套	□是　□否
5	耐磨手套	若干	□是　□否
6	安全防护套装	1套	□是　□否
7	警示牌	1套	□是　□否
8	灭火器	1套	□是　□否
9	万用表	1套	□是　□否
10	万用接线盒	1套	□是　□否
11	内饰拆装工具	1套	□是　□否
12	比亚迪秦 EV	1辆	□是　□否
质检意见	原因：		□是　□否

灯光系统信号的测量（秦 EV）

序号	步骤	记录	完成情况
	灯光系统信号的测量（秦 EV）		
1	**准备工作** 检查耐磨手套有无破损，如有破损，需进行更换 检查万用表外观有无破损，检查红黑表笔外观有无破损，连接万用表红黑表笔并调至电阻档，进行万用表校表 将车辆正确停放至工位，放置车轮挡块 规范铺设车内四件套 进入车内，踩下制动踏板，按下起动开关，降下驾驶位车窗，确认车辆状态 车辆下电，打开前舱盖，规范铺设车外三件套		已完成□ 未完成□
2	**测试接插件 B05A** 拆下前舱左饰板 将万用表调至电压档，黑表笔接地，红表笔连接红色背插针，测试左侧灯光接插件 B05A 使用红色背插针连接 7 号针脚测量昼行灯信号，测得电压 13.5V，正常 使用红色背插针连接 5 号针脚测量示廓灯信号，打开示廓灯，测得电压 13.59V，正常 使用红色背插针连接 1 号针脚测量近光灯信号，打开近光灯，测得电压 13.69V，正常 使用红色背插针连接 3 号针脚测量远光灯信号，打开远光灯，测得电压 13.72V，正常 使用红色背插针连接 8 号针脚测量左转向灯信号，打开左转向灯，测得电压在 0~13.72V 间断，正常		已完成□ 未完成□

（续）

序号	步骤	记录	完成情况
3	**测量接插件 K17A** 打开行李箱，使用内饰拆装工具拆卸行李箱盖饰板与行李箱左右饰板 黑表笔接地，红表笔连接红色背插针，测试接插件 K17A 使用红色背插针连接 K17A-2 号针脚测量示廓灯信号，测得电压 13.32V，正常 使用红色背插针连接 K17A-3 号针脚测量制动灯信号，踩下制动踏板，测得电压 13.61V，正常 使用红色背插针连接 K17A-4 号针脚测量左转向灯信号，打开左转向灯，测得电压在 0~13.72V 间断，正常		已完成□ 未完成□
4	**测量接插件 K17B** 黑表笔接地，红表笔连接红色背插针，测试接插件 K17B 使用红色背插针连接 K17B-2 号针脚测量示廓灯信号，测得电压 13.30V，正常 使用红色背插针连接 K17B-5 号针脚测量右转向灯信号，打开右转向灯，测得电压在 0~13.72V 间断，正常 使用红色背插针连接 K17B-11 号针脚测量雾灯信号，打开雾灯，测得电压 13.63V，正常		已完成□ 未完成□
5	**测量接插件 K18B** 黑表笔接地，红表笔连接红色背插针，测试接插件 K18B 使用红色背插针连接 K18B-4 号针脚测量倒车灯信号，挂倒档，测得电压 13.60V，正常		已完成□ 未完成□
6	安装行李箱所有饰板 关闭行李箱 安装前舱左饰板		已完成□ 未完成□
7	**实训现场 6S 整理** 规范拆除车外三件套，关闭前舱盖 规范拆除车内四件套 回收车轮挡块 清点工具，放回原位 进行场地 6S 工作		已完成□ 未完成□
总结提升			已完成□ 未完成□
质检意见	原因：		已完成□ 未完成□

🗨 评价反馈

1）各组代表展示汇报 PPT，介绍任务的完成过程。

2）以小组为单位，对各组的操作过程与操作结果进行自评和互评，并将结果填入综合评价表中的小组评价部分。

3）教师对学生工作过程与工作结果进行评价，并将评价结果填入综合评价表中的教师评价部分。

综合评价表

班级		组别		姓名		学号	
实训任务							
评价项目		**评价标准**				**分值**	**得分**
小组评价	计划决策	制定的工作方案合理可行，小组成员分工明确				10	
	任务实施	能够正确检查并设置实训工位				5	
		能够准备和规范使用工具设备				5	
		能够正确完成测量比亚迪秦 EV 灯光系统信号前的准备工作				20	
		能够正确测量比亚迪秦 EV 灯光系统信号				20	
		能够规范填写任务工单				10	
	任务达成	能按照工作方案操作，按计划完成工作任务				10	
	工作态度	认真严谨，积极主动，安全生产，文明施工				10	
	团队合作	小组组员积极配合、主动交流、协调工作				5	
	6S 管理	完成竣工检验、现场恢复				5	
		小计				100	
教师评价	实训纪律	不出现无故迟到、早退、旷课现象，不违反课堂纪律				10	
	方案实施	严格按照工作方案完成任务实施				20	
	团队协作	任务实施过程互相配合，协作度高				20	
	工作质量	能准确规范完成实训任务				20	
	工作规范	操作规范，三不落地，无意外事故发生				10	
	汇报展示	能准确表达，总结到位，改进措施可行				20	
		小计				100	
综合评分		小组评价分 ×50% + 教师评价分 ×50%					
总结与反思							
（如：学习过程中遇到什么问题→如何解决的 / 解决不了的原因→心得体会）							

新能源汽车电气技术

能力模块三

掌握暖风和空调系统知识及信号测量方法

任务一 了解新能源车辆暖风和空调系统的功能并更换组件

学习目标

- 掌握新能源车辆暖风和空调系统的基本组成。
- 掌握暖风和空调系统组件的功能。
- 能通过维修手册更换新能源车辆暖风和空调系统的相关组件。
- 了解实训中可能存在的安全问题,明确职业道德中的敬业精神在实际操作中的重要性。

知识索引

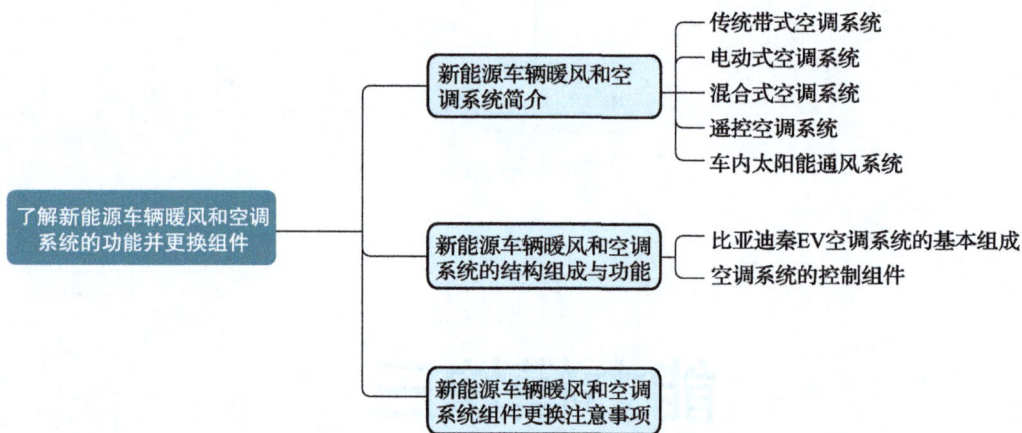

情境导入

　　一辆比亚迪秦 EV 车辆,驾驶人在开启空调时,感觉出风口冷风不足,维修人员经诊断,初步判断为制冷剂不足所致。请你根据所学知识,分析判断故障原因,完成空调系统检漏、制冷剂加注等工作。

🖱 获取信息

❓ 引导问题 1

　　请查阅相关资料，简述新能源车辆暖风和空调系统有哪些类型。

_____

_____

❓ 引导问题 2

　　请查阅相关资料，简述新能源车辆的电动空调压缩机是如何实现输出不同功率的。

_____

_____

新能源车辆暖风和空调系统简介

一、传统带式空调系统

　　有些混合动力汽车采用传统的带式空调压缩机。如果在空调系统工作时，车辆的怠速停止（或怠速起停）功能将发动机关闭，那么空调压缩机也会停止工作。此时，车辆的鼓风机将继续向车内输送空气，这在某种程度上可以让车内的人员感到凉爽，但也可能在发动机停机时间过长的情况下（如长时间等红绿灯）让人感觉难受。这类车辆通常有 MAX 功能（MAX 指空调调至最冷模式），能够取消怠速起停，并激活发动机工作，使其满足任意长时间的空气调节需求。

二、电动式空调系统

　　传统的带式空调系统会大幅降低车辆的燃油经济性。相比之下，电动空调压缩机比传统的空调压缩机更有效率，尤其当电机由类似于动力电池组这样的高压部件来供给较高电压的时候。

　　一般而言，电动空调压缩机是通过小型变频器驱动的交流电机带动。电动空调压缩机可以将电机与空调压缩机以及空调控制器整合到一起（压缩机的变频器可以整合到压缩机组件中，也可以并入车辆的主变频器组件等部件里）。压缩机并非由离合器控制，因为压缩机可以通过改变电机转速不断改变其输出功率。影响压缩机输出功率的因素包括：①蒸发器温度；②车厢温度；③环境温度；④设定温度。

　　电动空调压缩机没有采用轴端密封设计，避免了传统空调中轴端泄漏的情况发生，如图 3-1-1 所示。

　　一般情况下，电动空调压缩机通过制冷剂在电机周围或附近循环进而冷却电机。由于空调系统的冷冻机油悬浮在制冷剂中，冷冻机油一定不能导电。常规的冷冻机油会影响系统的正常运行，可能导致汽车的车载诊断系统诊断为故障，容易误以为出现高压电接地的故障。在这种情况下，可能难以从系统中彻底清除污染油，可能需要更换整个空调压缩机。

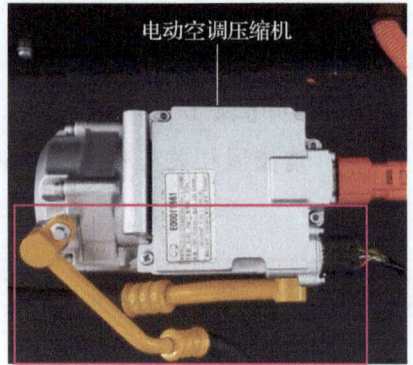

图 3-1-1　电动空调压缩机

三、混合式空调系统

这里的"混合"空调系统与混合动力汽车无关，尽管某些混合动力汽车中会使用它。它是由带式空调压缩机和电动空调压缩机共同组成的混合一体机。正常工作时，空调控制系统选择最有效率的模式：机械驱动模式或电驱动模式。它既可以由发动机驱动，也可以由电机驱动，还可以由两者一起驱动。当发动机不工作时，电机就可以驱动空调压缩机继续工作，保证车内的温度。如果外面温度特别高，需要高速制冷，单靠电机驱动已经不能产生足够的液态制冷剂，此时发动机系统就会自动起动，带动带式空调压缩机运转，将冷气源源不断地供到车内。当车内温度已经稳定到设定温度，发动机又会自动关闭，从而节约燃油。

四、遥控空调系统

遥控空调系统能让车辆操作人员只需通过智能手机应用程序或只需按一下汽车密钥卡上的按钮，就可以激活空调系统。在传统的混合动力汽车中，使用手机应用程序或汽车密钥卡遥控空调打开后，车内空调最多可以运行 3~5min，这取决于动力电池的荷电量（SOC）。在插电式混合动力汽车中，遥控空调最多可以运行 10min，这与动力电池的容量和荷电量（SOC）有关。

当发出激活遥控空调系统的命令后，如果车门尚未锁上，则车辆控制系统通常会锁住车门，并吸合电池包的正、负极接触器，输出高压直流电到配电箱后分配给空调压缩机工作。虽然电池包内的正负极接触器处于吸合状态，但遥控空调系统其实并没有使车辆上电（READY 或 OK）。在下列任何一种情况下，将发出关闭遥控空调系统的命令。

1）遥控空调调节超时。

2）动力电池的荷电量低于规定阈值（EV SOC<10%，PHEV SOC<15%）。

3）车辆的车门处于解锁状态。

五、车内太阳能通风系统

有些混合动力汽车和纯电动汽车将太阳能电池板安装在汽车的车顶，当车辆断电（OFF）且在炎热的天气下停车时，可以打开太阳能通风系统使车内通风透气。但是太阳能电池板不会为车辆动力电池包充电。

通常情况下，太阳能通风系统是通过开关来控制的。当车内温度上升到高于规定温度值时，如果接通了太阳能通风系统，并且太阳能电池板能够输出足够的电压，这时，太阳能电池板的电流就会激活汽车内部风机。在昏暗或多云的天气，太阳能通风系统可能无法产生足够的电压。有些太阳能通风系统还可以控制车内通风口，因此风扇控制器通常是独立安装的，这样就使太阳能电池板的电压与汽车的电气系统分隔开来。

引导问题 3

请查阅相关资料，简述比亚迪秦 EV 空调系统的基本组成。

_____

_____

_____

引导问题 4

请查阅相关资料，简述比亚迪秦 EV 车型制冷系统工作原理。

_____

_____

_____

引导问题 5

请查阅相关资料，简述比亚迪秦 EV 电动压缩机的特点。

_____

_____

_____

引导问题 6

请查阅相关资料，简述比亚迪秦 EV 空调系统中电子膨胀阀的作用。

_____

_____

_____

新能源车辆暖风和空调系统的结构组成与功能

下面以比亚迪秦 EV 车型为例，进行空调和暖风系统的相关介绍。

一、比亚迪秦 EV 空调系统的基本组成

该车型空调系统为单蒸发器自动调节空调。系统主要由压缩机、冷凝器、HVAC 总成、制冷管路、暖风水管、风道、空调控制器等零部件组成，具有制冷、采暖、除霜除雾、通风换气等功能。该系统利用 PTC 加热冷却液进行采暖，利用蒸气压缩式制冷循环制冷，制冷剂为 R134a，控制方式为按键操纵式。自动空调箱体的模式风门、冷暖

混合风门和内外循环风门都是由电机控制的。图 3-1-2 和图 3-1-3 所示为比亚迪秦 EV 空调系统的基本组成（含前舱和驾驶室）。比亚迪秦 EV 空调、电池热管理控制器及二合一传感器组成，如图 3-1-4 所示。

图 3-1-2　比亚迪秦 EV 空调系统的基本组成 1（前舱）

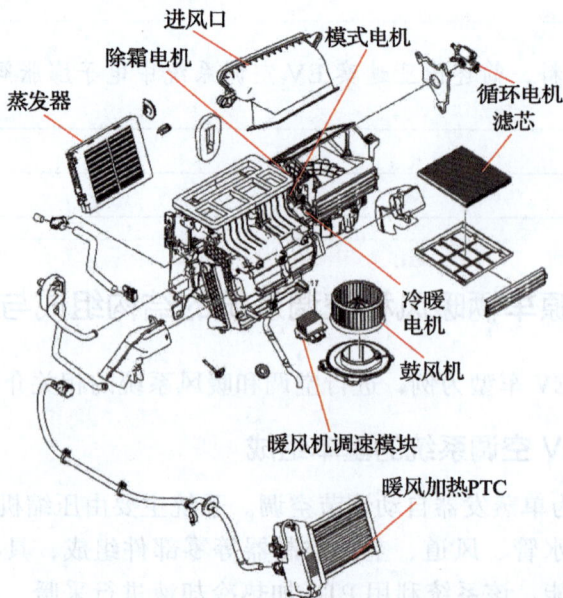

图 3-1-3　比亚迪秦 EV 空调系统的基本组成 2（驾驶室）

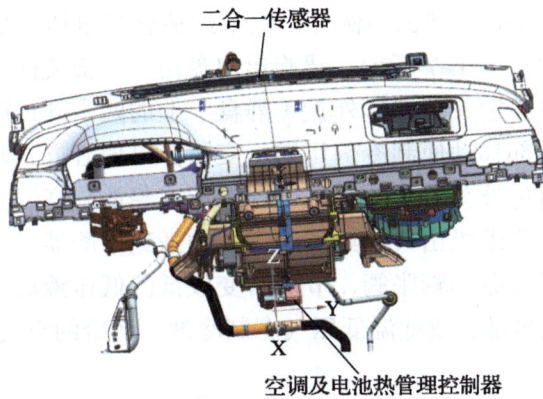

图 3-1-4　比亚迪秦 EV 空调、电池热管理控制器及二合一传感器组成

风道结构拆分图，如图 3-1-5 所示。

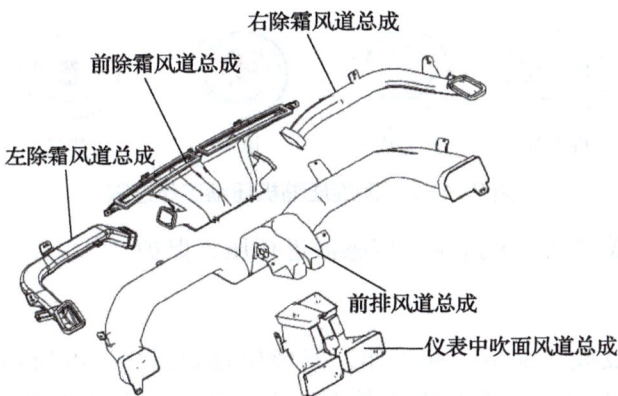

图 3-1-5　风道结构拆分图

二、空调系统的控制组件

1. 电动压缩机

制冷系统采用电动压缩机，额定功率为 2kW，位置在机舱靠左侧，固定在变速器上，如图 3-1-6 所示。系统工作时，高压压力为 2.0~3.2MPa，低压压力为 0.2~1MPa；在空调系统和电池热管理回路中起驱动制冷剂以及给动力电池冷却液散热的作用，其将机械能转换为热能，基本功能是驱动和建立压力差。当空调系统的高压侧压力达到 3.2MPa 或低压侧压力低于 0.19MPa 时停止吸合压缩机继电器进行保护。温度保护方式分为蒸发器温度保护（低温保护 0~3℃）和压缩机温度保护（高温保护 130℃ ±5℃）。

目前，电动压缩机结构的主流趋势是控制系统与压缩机本体集成，简而言之就是压缩机加电

图 3-1-6　电动压缩机安装位置

控的组合体，比亚迪秦 EV 车型也不例外，它采用适合高电压、变频节能的一体化压缩机，类型为涡旋式，如图 3-1-7 所示。螺旋形内盘由三相交流同步电机通过一个轴驱动并进行偏心旋转。通过固定式螺旋形外盘（静盘）上的两个开口吸入低温低压气态制冷剂，然后通过动盘向中部移动使制冷剂压缩、变热。以偏心方式转动三圈后，吸入的制冷剂压缩、变热，再通过外盘中部的开口以气态形式释放。高温高压气态制冷剂从此处经机油分离器流至电动压缩机出口，经过消声器输送到冷凝器，冷凝器放热后变成高温高压气态制冷剂，经干燥瓶到膨胀阀，节流后变成低温低压液雾状进入蒸发器。制冷剂吸收鼓风机吹过的空气热量变成低温低压气态制冷剂。变冷的空气进入车内。

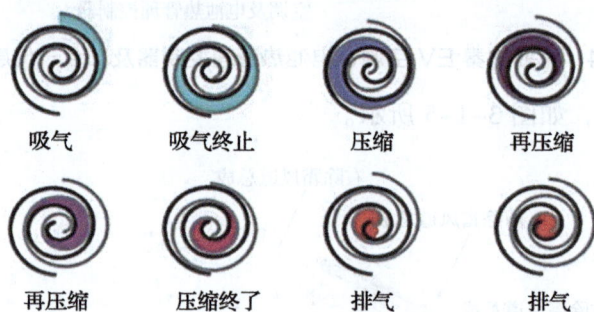

吸气　　　　吸气终止　　　　压缩　　　　再压缩

再压缩　　　　压缩终了　　　　排气　　　　排气

图 3-1-7　涡旋压缩机压缩工作过程

空调压力过高或过低时通过压力传感器进行压力保护。

2. 电子膨胀阀

电子膨胀阀和变频压缩机一起工作，安装位置如图 3-1-8 所示，利用它精确控制流量的功能，整体提升空调系统工作效率。电子膨胀阀可实时调节开阀速度、开度，根据控制器的脉冲电压信号，线圈驱动步进转子旋转；通过精密丝杆传动，转子将旋转运动转化为阀芯的轴向直线移动；通过上述运动，阀芯在控制器的控制下实现调节阀体通道大小，从而达到制冷剂的设计流量的功能。比亚迪秦 EV 车型安装有 2 个电子膨胀阀，正常情况，空调控制器控制电子膨胀阀 1 打开，给驾驶室制冷，当动力电池的温度高于 38℃时，空调控制器控制电子膨胀阀 2 打开，同时给驾驶室和动力电池冷却液散热。动力电池的温度降至 33℃时，关闭电子膨胀阀 2。当动力电池温度高于55℃时，空调控制器会控制电子膨胀阀 1 关闭，即关闭驾驶室的制冷，待动力电池温度降至 55℃时，空调控制器控制电子膨胀阀 1 打开。

电子膨胀阀1

电子膨胀阀2

线圈

阀体

接线端口

图 3-1-8　电子膨胀阀

3. 充注阀口

比亚迪秦 EV 车型采用 R134a 制冷剂，抽真空、保压、加注合为一体；而比亚迪 e5 空调系统采用的是 R410a 制冷剂，抽真空和加注分为 2 套设备。空调系统维修过程中，如需要更换零部件，一定要用制冷剂回收设备或者压力表放出制冷剂，以避免高压制冷剂喷出，对维修人员带来伤害。

4. PTC 加热器

暖风系统采用 PTC 加热器，额定功率为 6kW，PTC 加热冷却液后供给暖风芯体，具体含义如图 3-1-9 所示。

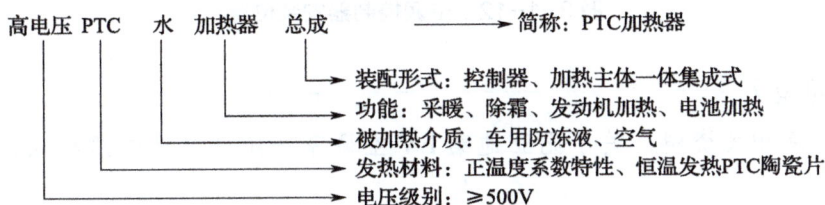

图 3-1-9　PTC 加热器的含义

PTC 加热器自带冷却液温度传感器、高压互锁装置、IGBT 模块、电压采集、电流采集以及对应的自动保护程序，其安装位置及结构如图 3-1-10 所示。

接PTC加热模块进、出水管

图 3-1-10　PTC 加热器的安装位置及结构

PTC 加热器上的冷却液温度传感器用以监测流经 PTC 加热器的冷却液温度。PTC 加热器的功率大小由空调控制器根据室内温度、设定温度、冷却液温度等信息综合判断后决定。

5. 暖风电子水泵

暖风电子水泵安装在充配电总成下面的横梁上，如图 3-1-11 所示。

6. 空调控制器

空调控制器是整个空调系统（包括制冷、采暖）的总控中心，协调控制空调系统的工作，它安装在蒸发箱

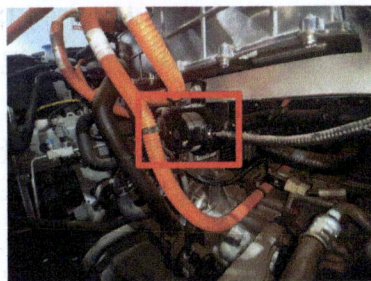

图 3-1-11　暖风电子水泵位置

体底部，如图 3-1-12 所示。空调控制器在整车 CAN 网络上属于舒适网，但它与电动压缩机模块、PTC 模块组成一个空调子网。

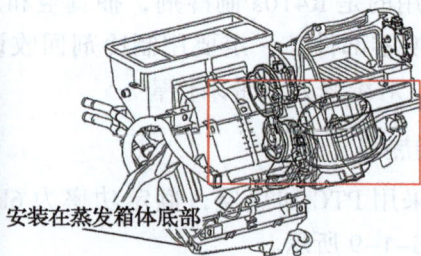

安装在蒸发箱体底部

图 3-1-12　空调控制器安装位置

> **❓ 引导问题 7**
>
> 　　请查阅相关资料，关于比亚迪秦 EV 空调系统组件更换注意事项，你了解哪些？
>
> _____
>
> _____
>
> _____

新能源车辆暖风和空调系统组件更换注意事项

　　随着新能源汽车的发展，新能源汽车的售后检修工作日益增多，为保障安全规范操作，对新能源汽车暖风和空调系统的维护事项说明如下。

　　1）保养空调系统必须由专业技术人员进行。

　　2）维修前应使工作区通风，请勿在封闭的空间或接近明火的地方操作制冷剂。维修前应戴好眼罩，保持至维修完毕。

　　3）避免液体制冷剂接触眼睛和皮肤。若液体制冷剂接触眼睛和皮肤，应用大量冷水冲洗，并注意：不要揉眼睛或擦皮肤，并在皮肤上涂凡士林软膏。严重的要立刻到医院进行专业治疗。

　　4）制冷系统中如果没有足够的制冷剂，不要运转压缩机，以避免由于系统中无充足的制冷剂并且润滑油不足造成的压缩机可能烧坏的情况。

　　5）压缩机运转时不要打开压力表高压阀，只能打开和关闭低压阀。

　　6）冷冻油必须使用专用冷冻油。切记不能用不同品牌或不同型号的润滑油代替，更不能将不同牌号的润滑油混用。

　　7）以比亚迪秦 EV 为例，空调系统制冷剂加注量为 550g，冷冻油总量为 160mL，当系统因渗漏导致冷冻油总量低于 55mL 时，就有可能造成压缩机的过度磨损，因此维修时应视情况补加冷冻油。

　　8）空调压力保护方式是通过三态压力开关，压力过高或过低时压力开关都会断开。温度保护方式分为蒸发器温度保护（低温保护 0~3℃）和压缩机温度保护（高温保护不得高于 130℃ ±5℃）。

9）维修时应注意，打开管路的 O 形圈必须更换，并在装配前在密封圈上涂冷冻油后按要求力矩连接。

10）维修中严格按技术要求（充注量、冷冻油型号、力矩要求等）操作，按照要求检修空调，以保证空调系统的正常工作和使用寿命。

11）因冷冻油具有较强的吸水性，在拆下管路时要立即用堵塞或口盖堵住管口，避免湿气或灰尘进入制冷系统。

12）在排放系统中过多的制冷剂时，排放速度不要过快，以免系统中的冷冻油也被抽出来。

13）定期清洁空气过滤网，保持良好的空气调节质量。

14）检查冷凝器散热片表面是否有脏污，不要用蒸汽或高压水枪冲洗，以免损坏冷凝器散热片，应用软毛刷刷洗。

15）避免制冷剂过量。若制冷剂过量，会导致制冷不良。

📖 拓展阅读

　　绿色发展已成为我国走新型工业化道路、调整优化经济结构、转变经济发展方式的重要动力，是推动我国走向富强的有力支撑。在这个过程中，节能和提高能效正在发挥"第一能源"作用。

　　随着工业 4.0 的兴起，以及"工业化、信息化"两化融合的不断推进，空气压缩机制造企业在工业互联网大潮的推动下，正在从技术和商业上试探性地进行研究开发和创新尝试。在新能源汽车空调压缩机领域中，涡旋式压缩机被称为第三代压缩机，正在以其独特的性能优势逐渐代替其他传统压缩机，电动涡旋式压缩机被国内外行业公认为最理想的电驱动空调压缩机。未来电动涡旋式压缩机前景广阔，发展将趋向于更加精细化、智能化、系统化、信息化、集成化、环保节能化等。

　　1）精细化。以往限于技术水平以及应用需求，对压缩机压力、排气量、空气品质和安防等级等设计参数，只能粗略进行估计。但随着行业不断成熟，以及应用工况更加严苛、复杂化，压缩机的研发生产以及选型更加精细、更加专业。

　　2）智能化。随着汽车电气一体化技术的发展，压缩机人机交互以及自动运行控制将更为完善。

　　3）系统化。对于压缩机的控制，将从对单个设备的控制转变为对整个空调系统的控制，以及根据用户需求的控制策略。

　　4）信息化。基于物联网技术，一方面要实现远程监控，让压缩机的运行操控与售后更加便捷。另一方面，大量压缩机运行使用数据将为制造企业提供研发创新方向。

　　5）集成化。集成化设计目前在压缩机、电机、变频器和控制器等单元上应用较多。对整机进行模块化设计，不仅能提高产品应用范围，而且能够满足柔性制造、快速响应市场的需求。

6）环保节能化。这与国家的节能环保要求和对能效的鼓励与扶持政策息息相关，也是市场竞争中企业的自我驱动。实现高效、节能、环保是汽车压缩机可持续发展的目标之一。

现阶段我国汽车产业正全面向电动化、智能化转型升级，实现这一升级不仅需要大量的科技研发型人才，更需要扎根于各技术岗位的专业实干型人才。历史使命在即，时代号召广大青年需要积聚力量，厚积薄发，最终实现我国的全面转型和升级。

👥 任务分组

学生任务分配表见表 3-1-1。

表 3-1-1　学生任务分配表

班级		组号		指导老师	
组长		学号			
组员角色分配					
信息员		学号			
操作员		学号			
记录员		学号			
安全员		学号			
任务分工					
（就组织讨论、工具准备、数据采集、数据记录、安全监督、成果展示等工作内容进行任务分工）					

📝 工作计划

按照前面所了解的知识内容和小组内部讨论的结果，制定工作方案，落实各项工作负责人，如任务实施前的准备工作、实施中主要操作及协助支持工作、实施过程中相关要点及数据的记录工作等。

工作计划表

步骤	工作内容	负责人
1		
2		
3		
4		
5		
6		
7		
8		

进行决策

1）各组派代表阐述资料查询结果。

2）各组就各自的查询结果进行交流，并分享技巧。

3）教师对各组的计划方案进行点评。

4）各组长对组内成员进行任务分工，教师确认分工是否合理。

任务实施

引导问题 8

　　扫描二维码观看视频，了解比亚迪秦 EV 实车暖风和空调系统 PTC 加热器总成的更换步骤，说说操作的要点。

_____

_____

PTC 加热器总成的更换（秦 EV）

　　根据所学新能源汽车暖风和空调系统的相关知识，在比亚迪秦 EV 实车上完成 PTC 加热器总成的更换流程，并完成实训工单的填写。

	实训准备		
序号	设备及工具名称	数量	设备及工具是否完好
1	一体化集成工量具	1套	□是　□否
2	三层工具车	1辆	□是　□否
3	车内四件套	1套	□是　□否
4	车外三件套	1套	□是　□否
5	耐磨手套	若干	□是　□否
6	安全防护套装	1套	□是　□否
7	警示牌	1套	□是　□否

（续）

序号	设备及工具名称	数量	设备及工具是否完好
8	灭火器	1套	□是　□否
9	冷却液	2瓶	□是　□否
10	冷却液回收盘	一个	□是　□否
11	比亚迪秦 EV	1辆	□是　□否
质检意见	原因：		□是　□否

PTC 加热器总成的更换（秦 EV）

序号	步骤	记录	完成情况
	PTC 加热器总成的更换（秦 EV）		
1	**准备工作** 检查耐磨手套有无破损，如有破损需进行更换 检查绝缘手套有无破损，确定其在合格有效期内，绝缘等级应大于 1000V 检查万用表外观有无破损，检查红黑表笔外观有无破损，连接万用表红黑表笔并调至电阻档，进行万用表校表 将车辆正确停放至工位 放置车轮挡块 规范铺设车内四件套 进入车内，踩下制动踏板，按下起动开关，降下驾驶位车窗，确认车辆状态，车辆下电 打开前舱盖，规范铺设车外三件套		已完成□ 未完成□
2	**PTC 加热器总成的拆卸** 断开低压蓄电池负极并使用绝缘胶带缠绕 断开充配电总成低压接插件 规范佩戴绝缘手套与护目镜 使用绝缘一字螺丝刀断开高压母线，等待 5min 使用万用表直流电压档，对高压母线接插件进行验电 使用绝缘胶带缠绕高压母线及配电总成接插件 断开充配电总成 PTC 高压接插件并使用绝缘胶带缠绕 使用卡扣螺丝刀分别拆卸 PTC 加热器三个固定卡扣 将冷却液回收盘放置于车辆底部前舱冷却液水管下方 使用一字螺丝刀撬出前舱右侧饰板 4 个卡扣，取下前舱右侧饰板 拧开冷却液膨胀壶盖 使用水管专用卡钳拆卸冷却液进出水管卡箍 拔出冷却液管，排放冷却液 待冷却液排空后在管口安装堵头，使用抹布擦干洒落的冷却液 拔出 PTC 低压接插件和 PTC 冷却液温度传感器接插件 使用 10 号套筒与棘轮扳手拆卸接地线固定螺母 使用 13 号套筒与棘轮扳手拆卸 PTC 加热器的三个固定螺母 取下 PTC 加热器总成		已完成□ 未完成□

（续）

序号	步骤	记录	完成情况
3	**PTC 加热器总成的安装** 取出新的 PTC 加热器总成，放到合适位置 使用 3 个固定螺母安装并预紧，使用 13 号套筒与预置式扭力扳手以 20N·m 的力矩紧固 使用一个固定螺母安装接地线并预紧，使用 10 号套筒与预置式扭力扳手以 15N·m 的力矩紧固 连接 PTC 冷却液温度传感器接插件和 PTC 低压接插件 安装 PTC 加热器高压线束的三个固定卡扣 连接水管，使用水管专用卡钳，将进出水管卡箍安装到位 安装前舱右侧饰板，使用原卡扣进行固定 拆除充配电总成 PTC 加热器高压接插件的绝缘防护胶带，连接充配电总成 PTC 高压接插件 拆除高压母线接插件的绝缘胶带，连接高压母线 加注冷却液至 MAX 刻度后，拧紧冷却液膨胀壶盖 拆除蓄电池负极绝缘胶带，使用棘轮扳手、10 号套筒安装蓄电池负极并紧固 进入车内，按下起动开关，车辆上电 打开空调制热开关，排空 PTC 内部空气 等待 10min 后，观察冷却液液位是否在 MAX 与 MIN 刻度之间。如低于 MIN 刻度，则需要补加冷却液至 MAX 与 MIN 刻度之间 车辆下电，取出车底冷却液回收盘 完成 PTC 加热器总成更换		已完成□ 未完成□
4	**实训现场 6S 整理** 规范拆除车外三件套，关闭前舱盖 规范拆除车内四件套 回收车轮挡块 清点工具放回原位，进行场地 6S 工作		已完成□ 未完成□
总结提升			已完成□ 未完成□
质检意见	原因：		已完成□ 未完成□

📑 评价反馈

1）各组代表展示汇报 PPT，介绍任务的完成过程。

2）以小组为单位，对各组的操作过程与操作结果进行自评和互评，并将结果填入综合评价表中的小组评价部分。

3）教师对学生工作过程与工作结果进行评价，并将评价结果填入综合评价表中的教师评价部分。

综合评价表

班级		组别		姓名		学号	
实训任务							
评价项目		评价标准				分值	得分
小组评价	计划决策	制定的工作方案合理可行，小组成员分工明确				10	
	任务实施	能够正确检查并设置实训工位				5	
		能够准备和规范使用工具设备				5	
		能够正确拆除比亚迪秦 EV PTC 加热器				20	
		能够正确安装比亚迪秦 EV PTC 加热器总成				20	
		能够规范填写任务工单				10	
	任务达成	能按照工作方案操作，按计划完成工作任务				10	
	工作态度	认真严谨，积极主动，安全生产，文明施工				10	
	团队合作	小组组员积极配合、主动交流、协调工作				5	
	6S 管理	完成竣工检验、现场恢复				5	
		小计				100	
教师评价	实训纪律	不出现无故迟到、早退、旷课现象，不违反课堂纪律				10	
	方案实施	严格按照工作方案完成任务实施				20	
	团队协作	任务实施过程互相配合，协作度高				20	
	工作质量	能准确规范完成实训任务				20	
	工作规范	操作规范，三不落地，无意外事故发生				10	
	汇报展示	能准确表达，总结到位，改进措施可行				20	
		小计				100	
综合评分		小组评价分 ×50% + 教师评价分 ×50%					

总结与反思

（如：学习过程中遇到什么问题→如何解决的 / 解决不了的原因→心得体会）

任务二 新能源车辆暖风和空调系统的信号测量

学习目标

- 理解新能源车辆暖风和空调系统的工作原理。
- 熟悉各个信号的控制逻辑。
- 能通过维修手册查找到暖风和空调系统的端子。
- 了解实训中可能存在的安全问题，明确职业道德中的敬业精神在实际操作中的重要性。

知识索引

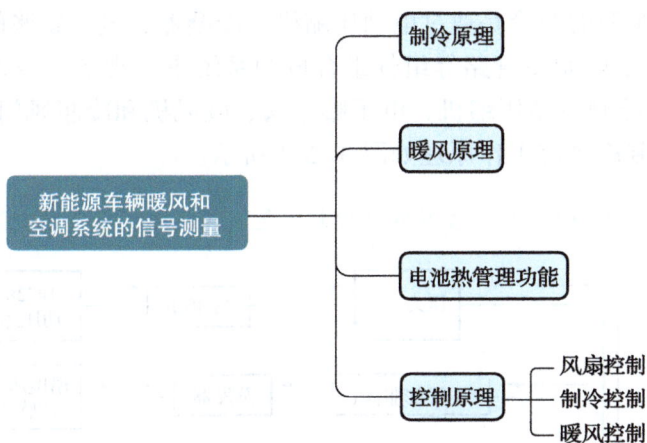

新能源车辆暖风和空调系统的信号测量 ── 制冷原理
                                 ── 暖风原理
                                 ── 电池热管理功能
                                 ── 控制原理 ── 风扇控制
                                              ── 制冷控制
                                              ── 暖风控制

情境导入

　　要想进行新能源车辆暖风和空调系统信号的测量，首先需要知道其工作原理和各个信号的控制逻辑。通过本任务的学习，你能够理解车辆暖风和空调系统各个信号的控制逻辑，并能进行信号测量并做出维修结论。

📨 获取信息

❓ 引导问题 1

请查阅相关资料，简述比亚迪秦 EV 车型制冷系统组件。

_____

_____

_____

❓ 引导问题 2

请查阅相关资料，简述新能源汽车制冷过程是如何实现的。

_____

_____

_____

制冷原理

比亚迪秦 EV 车型的制冷是通过电动压缩机、冷凝器、电子膨胀阀、蒸发器、鼓风机、空调控制器和空调制冷管路等组件组合成的系统来实现的，空调控制器（集成式车身控制器）通过控制电动压缩机、电子膨胀阀、鼓风机和冷暖风门实现空调的制冷。比亚迪秦 EV 车型制冷系统工作原理如图 3-2-1 所示。

注意： 2021 款比亚迪秦 EV 车型的空调控制器集成在集成式车身控制器内。

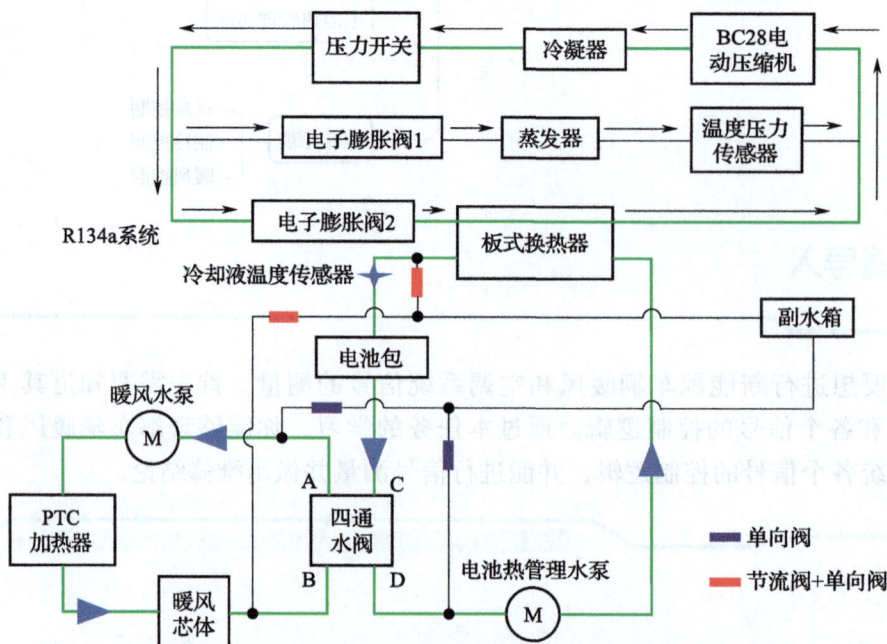

图 3-2-1 比亚迪秦 EV 车型全电动空调制冷系统工作原理

由空调驱动器驱动的电动压缩机 BC28 将高温高压的气态制冷剂压入冷凝器。高压气态制冷剂经冷凝器时，散热风扇与冷凝器进行热交换，释放热量，将高温气态制冷剂变成高温液态制冷剂，热量被车外的空气带走。

高压液态的制冷剂经电子膨胀阀 1 的节流作用后降压，低压液态制冷剂在蒸发器中汽化而进行热交换（吸收热量），蒸发器附近被冷却的空气通过鼓风机吹入车厢。气态的制冷剂又被压缩机抽走进行压缩产生高温高压气态制冷剂泵入冷凝器，如此使制冷剂进行封闭的循环流动，不断地将车厢内的热量排到车外，使车厢内的气温降至适宜的温度。

引导问题 3

请查阅相关资料，简述比亚迪秦 EV 采暖系统基本组成。

_____

_____

_____

引导问题 4

请查阅相关资料，简述比亚迪秦 EV 暖风系统工作原理。

_____

_____

_____

暖风原理

比亚迪秦 EV 采暖是通过 PTC 加热器、暖风水泵、暖风芯体、鼓风机、空调控制器（集成式车身控制器）和空调采暖管路等组件组合成的系统来实现的，系统工作原理如图 3-2-2 所示。空调控制器（集成式车身控制器）通过控制 PTC 加热器、暖风水泵、鼓风机和冷暖风门实现空调的采暖。

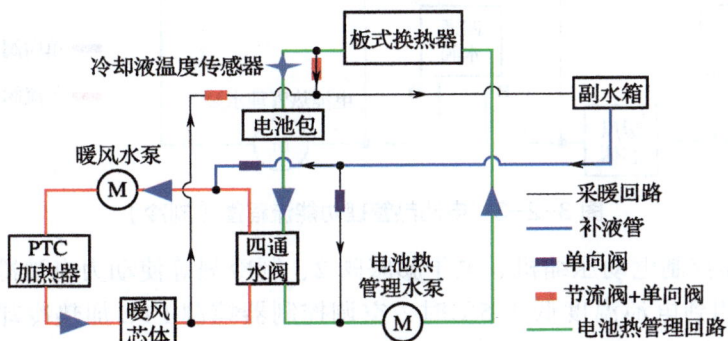

图 3-2-2　比亚迪秦 EV 车型全电动空调暖风系统工作原理（加热）

比亚迪秦 EV 供暖系统 PTC 加热器加热冷却液，加热后的冷却液流经暖风芯体将热量传递给鼓风机吹出的空气，冷却后的冷却液由水泵泵入 PTC，如此循环。加热后的空气被送到车厢内或风窗玻璃，用以提高车厢内的温度或进行除霜。

❓ 引导问题 5

请查阅相关资料，简述比亚迪秦 EV 电池热管理系统组件。

_____

_____

_____

电池热管理功能

电池热管理功能包括电池冷却、电池加热和电池内循环等。图 3-2-2 和图 3-2-3 所示为电池热管理功能流程图（含加热和制冷）。

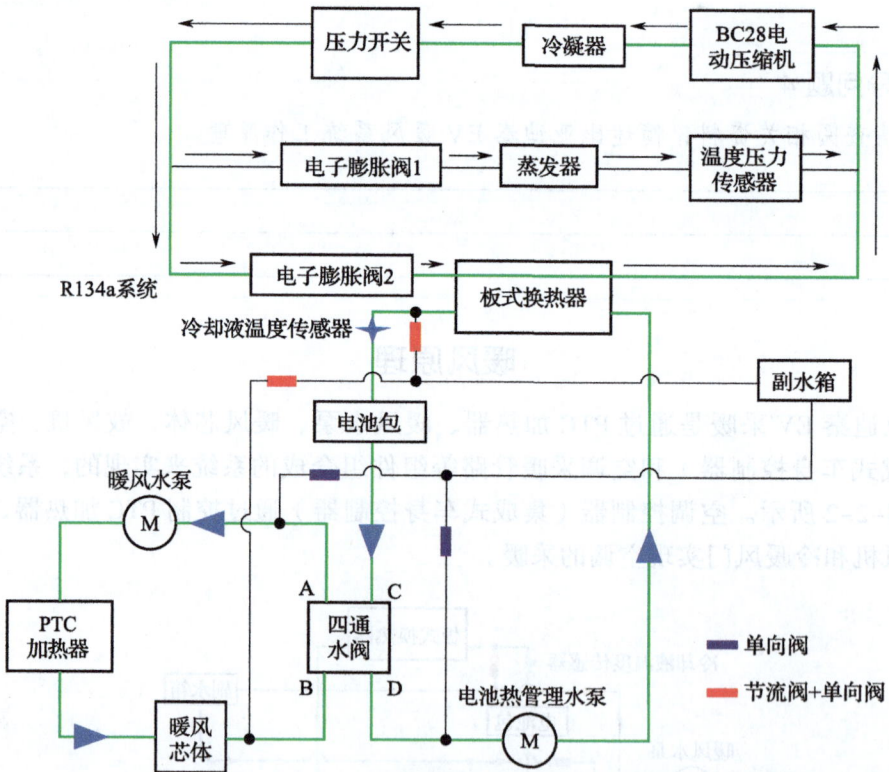

图 3-2-3　电池热管理功能流程图（制冷）

空调控制器控制电动压缩机、电子膨胀阀 2、制冷剂等使动力电池冷却液冷却，当电池管理器检测到电池温度低于 5℃时，空调控制器控制 PTC 加热冷却液，通过电子水泵给动力电池加热和实现电池内循环功能。

引导问题 6

请查阅相关资料，简述比亚迪秦 EV 的全电动空调控制包括几类控制。

_____

_____

_____

控制原理

比亚迪秦 EV 全电动空调控制逻辑，如图 3-2-4 所示。

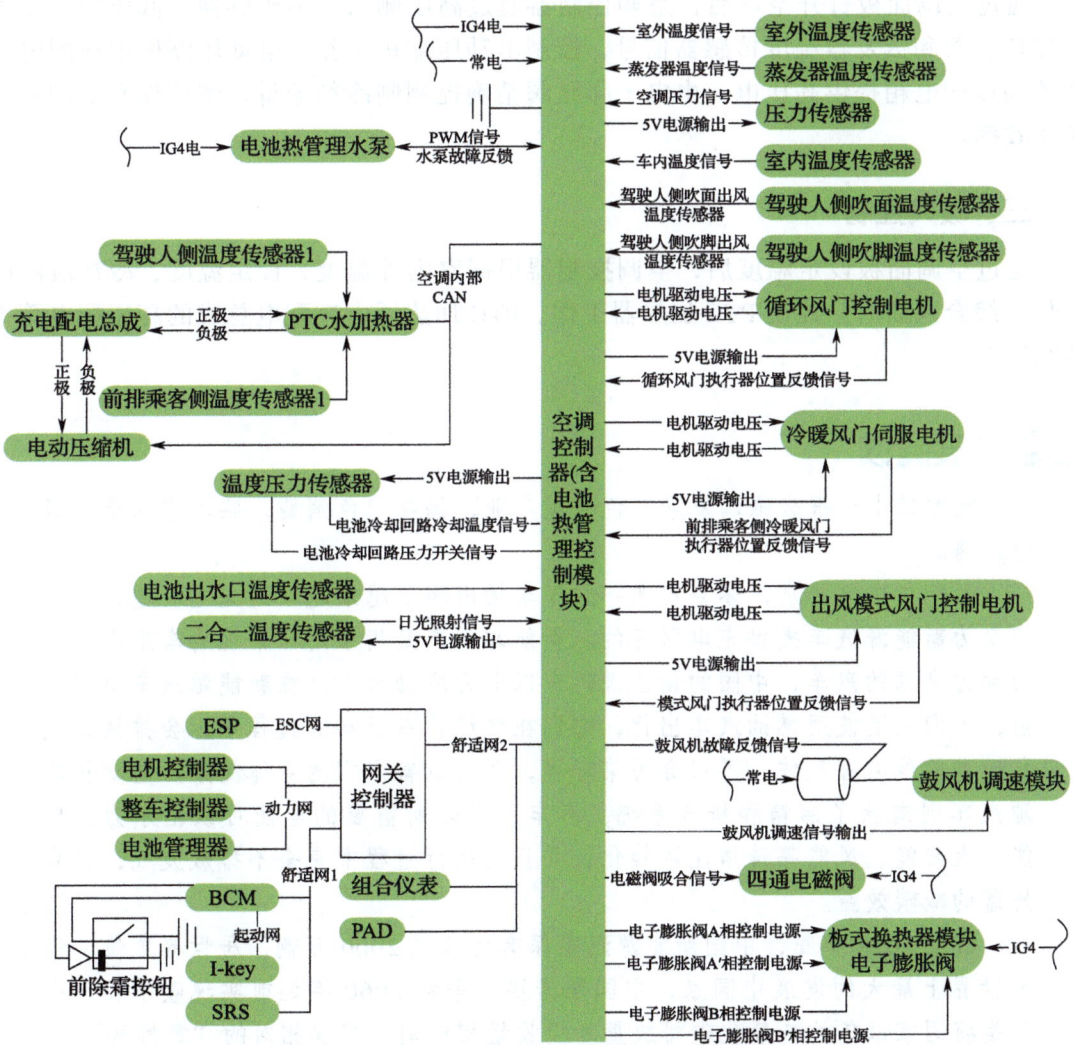

图 3-2-4　比亚迪秦 EV 全电动空调控制逻辑

一、风扇控制

空调打开，且空调控制器检测到中压开关低电平信号后，空调控制器通过舒适网 2

在网关控制器与整车控制器（VCU）之间进行通信，VCU 控制风扇低速或高速旋转。

注意：风扇高速工作之前，必须先低速运行 2s，然后高速运转。

开启压缩机的同时，空调控制器检测系统压力值，向整车控制器发送电子风扇的运行需求，由 VCU 控制继电器实现散热风扇调速。

当空调系统压力＜2.7MPa 时，发送低速档位信号。

当空调系统压力≥2.7MPa 时，发送高速档位信号。

二、制冷控制

通过空调面板打开空调后，空调控制器通过高压侧的压力传感器、低压侧的压力温度传感器和蒸发器温度传感器信号，控制电动压缩机工作。电动压缩机由充配电总成的高压配电箱提供高压电。由电子膨胀阀精确控制制冷剂流量，整体提升空调系统工作效率。

三、暖风控制

通过空调面板设定温度后，空调控制器根据室内外温度、设定温度、冷却液温度等信息综合判断后，控制 PTC 加热器工作。PTC 加热器由充配电总成的高压配电箱提供高压电。

📖 拓展阅读

党的二十大报告强调发展绿色低碳产业，倡导绿色消费，实现中国节能减排之路。

行走在中国北京，你会发现一些停车场出现了越来越多的充电设施，它们都是为新能源汽车提供充电服务的。新能源汽车是指采用非常规的车用燃料作为动力来源的汽车，中国的新能源汽车以电力驱动为主。在新能源汽车出现之前，人们主要使用燃油汽车出行，它们在燃烧化石燃料的过程中，会排放二氧化碳和其他有害气体，不仅会污染环境，还会危害人们的身体健康。电动新能源汽车则淘汰了油箱和排气系统，汽车行驶时所需要的电能可以由水力、核能、太阳能、风能等清洁能源转化，并且在运行过程中完全不排放废气，具有显著的减碳效益。

截至 2023 年底，中国新能源汽车保有量超过 2000 万辆，居世界首位。作为世界上最大的发展中国家，中国承诺要力争在 2060 年之前实现碳中和，也就是将国家每年的二氧化碳排放量和吸收量相抵消，实现相对的"零排放"。

2020 年 10 月，国务院办公厅发布《新能源汽车产业发展规划（2021—2035 年）》，该规划主要从发展愿景、提升技术创新能力、完善基础设施体系等方面进行战略布局。同时，双积分政策更新，接棒持续退坡的补贴政策，双积分政策通过设计更加严苛的积分方式，引导企业增加对新能源汽车的投入，加速全国电动化进程。

　　新能源汽车产业链将不断升级迭代。中游电池技术逐渐突破，固态电池成未来动力锂电池进阶方向，技术进步将成为交通领域实现碳中和目标的重要抓手。同时伴随着充电桩与储能基站等基础设施在国家政策支持下不断完善，新能源汽车消费结构显示出 B 端向 C 端的逐渐转移，新能源汽车发展将走上快车道。

　　氢燃料电池则是消纳可再生能源的另一条途径，不依赖电网是它的一大特点。氢通过车辆、管道等方式输送到用户手中，还可长期储存，也能在电网需要时还原成电回馈给电网。也就是说，可再生能源变成氢可以实现大规模用能和长周期储能。所以中国科学院院士欧阳明高认为，最终储能第一要靠纯电动汽车的电池，第二要靠燃料电池汽车的能源——氢能。

　　在此方面，发达国家已经行动起来。欧美已经有 14 个国家制定了各自的能源发展规划，欧盟发布的氢能战略计划，到 2030 年生产 1000 万 t 绿氢。日本在福岛建立了一个光伏发电基地，用光伏制氢 900t，2020 年已经建成投产，是目前全球最大规模的制氢工厂。

　　中国电动汽车百人会理事长陈清泰说：未来的汽车是存储和消纳绿色能源的强大载体；是把绿色能源、智能电网、未来出行、新一代移动通信链接在一起的节点，是智能交通、智慧城市的基本单元。

🏫 任务分组

学生任务分配表见表 3-2-1。

表 3-2-1　学生任务分配表

班级		组号		指导老师	
组长		学号			
组员角色分配					
信息员		学号			
操作员		学号			
记录员		学号			
安全员		学号			
任务分工					
（就组织讨论、工具准备、数据采集、数据记录、安全监督、成果展示等工作内容进行任务分工）					

📋 工作计划

按照前面所了解的知识内容和小组内部讨论的结果，制定工作方案，落实各项工作负责人，如任务实施前的准备工作、实施中主要操作及协助支持工作、实施过程中相关要点及数据的记录工作等。

工作计划表

步骤	工作内容	负责人
1		
2		
3		
4		
5		
6		
7		
8		

🔱 进行决策

1）各组派代表阐述资料查询结果。

2）各组就各自的查询结果进行交流，并分享技巧。

3）教师对各组的计划方案进行点评。

4）各组长对组内成员进行任务分工，教师确认分工是否合理。

🏃 任务实施

❓ 引导问题 7

扫描二维码观看视频，了解测量比亚迪秦 EV 空调系统信号的步骤，说说操作的要点。

_____

_____

空调系统信号的
测量（秦 EV）

根据所学新能源汽车暖风和空调系统的相关知识，在比亚迪秦 EV 实车上完成空调系统信号的测量，并完成实训工单的填写。

实训准备			
序号	设备及工具名称	数量	设备及工具是否完好
1	一体化集成工量具	1 套	□是　□否
2	三层工具车	1 辆	□是　□否

（续）

序号	设备及工具名称	数量	设备及工具是否完好
3	车内四件套	1套	□是　□否
4	耐磨手套	若干	□是　□否
5	安全防护套装	1套	□是　□否
6	警示牌	1套	□是　□否
7	灭火器	1套	□是　□否
8	万用表	1套	□是　□否
9	万用接线盒	1套	□是　□否
10	比亚迪秦EV	1辆	□是　□否
质检意见	原因：		□是　□否

空调系统信号的测量（秦EV）

空调系统信号的测量（秦EV）			
序号	步骤	记录	完成情况
1	**准备工作** 检查耐磨手套有无破损，如有破损需进行更换 检查万用表外观有无破损，检查红黑表笔外观有无破损，连接万用表红黑表笔并调至电阻档，进行万用表校表 将车辆正确停放至工位，放置车轮挡块 规范铺设车内四件套 进入车内，踩下制动踏板，按下起动开关，降下驾驶位车窗，确认车辆状态		已完成□ 未完成□
2	**空调系统信号测量** 根据电路图进行测量 拆卸右侧内饰板 将万用表调至直流电压档，红色背插针连接空调控制器模块G21（B）17号针脚与G21（B）18号针脚，黑色背插针连接G21（C）5号接地针脚 红表笔连接G21（B）17号针脚红色背插针，黑表笔连接G21（C）5号针脚黑色背插针，测得电压2.6V左右，正常 取下红表笔，连接G21（B）18号针脚背插针，测得电压2.4V左右，正常 取下红色背插针，红色背插针连接G21（B）5号针脚 打开空调，调节风速，测得电压由2.2V升至2.7V，正常		已完成□ 未完成□

（续）

序号	步骤	记录	完成情况
2	关闭空调 取下红色背插针，红色背插针连接 G21（B）23 号针脚，红表笔连接红色背插针，测得电压为 2.75V，正常 红色背插针连接 G21（C）4 号针脚，红表笔连接红色背插针，测得电压为 2.4V，正常 取下红表笔，红色背插针连接 G21(C)13 号针脚，红表笔连接红色背插针，测得电压为 13.7V，正常 取下红表笔，红色背插针连接 G21（C）17 号针脚，红表笔连接红色背插针，打开空调，测得电压由 1.7V 升至 3.1V，正常。取下红表笔，关闭空调 红色背插针连接 G21（C）18 号针脚，红表笔连接红色背插针，打开空调，切换模式，测得电压在 0.7~2.4V 变化，正常。关闭空调，取下红表笔 红色背插针连接 G21（C）24 号针脚，红表笔连接红色背插针，测得电压为 13.7V，正常 取下表笔，取下背插针 安装加速踏板侧内饰板 车辆下电，完成空调系统信号的测量操作		已完成□ 未完成□
3	**实训现场 6S 整理** 规范拆除车内四件套 回收车轮挡块 清点工具，放回原位 进行场地 6S 工作		已完成□ 未完成□
总结 提升			已完成□ 未完成□
质检 意见	原因：		已完成□ 未完成□

🗨 评价反馈

1）各组代表展示汇报 PPT，介绍任务的完成过程。

2）请以小组为单位，对各组的操作过程与操作结果进行自评和互评，并将结果填入综合评价表中的小组评价部分。

3）教师对学生工作过程与工作结果进行评价，并将评价结果填入综合评价表中的教师评价部分。

综合评价表

班级		组别		姓名		学号	
实训任务							
评价项目		评价标准				分值	得分
小组评价	计划决策	制定的工作方案合理可行，小组成员分工明确				10	
	任务实施	能够正确检查并设置实训工位				5	
		能够准备和规范使用工具设备				5	
		能够正确拆卸与安装加速踏板侧内饰板				20	
		能够正确完成比亚迪秦 EV 空调系统信号检查				20	
		能够规范填写任务工单				10	
	任务达成	能按照工作方案操作，按计划完成工作任务				10	
	工作态度	认真严谨，积极主动，安全生产，文明施工				10	
	团队合作	小组组员积极配合、主动交流、协调工作				5	
	6S 管理	完成竣工检验、现场恢复				5	
		小计				100	
教师评价	实训纪律	不出现无故迟到、早退、旷课现象，不违反课堂纪律				10	
	方案实施	严格按照工作方案完成任务实施				20	
	团队协作	任务实施过程互相配合，协作度高				20	
	工作质量	能准确规范完成实训任务				20	
	工作规范	操作规范，三不落地，无意外事故发生				10	
	汇报展示	能准确表达，总结到位，改进措施可行				20	
		小计				100	
综合评分		小组评价分 ×50% ＋ 教师评价分 ×50%					
总结与反思							

（如：学习过程中遇到什么问题→如何解决的／解决不了的原因→心得体会）

新能源汽车电气技术

能力模块四
掌握智能钥匙系统知识及信号测量方法

任务一 了解智能钥匙控制系统知识

学习目标

- 熟悉智能钥匙系统的控制方式。
- 掌握智能钥匙故障的检查与排除方法。
- 能通过比亚迪秦 EV 的电气原理图查找智能钥匙系统的控制方式。
- 会根据维修手册的指引进行智能钥匙系统的测量，并给出维修结论。
- 了解实训中可能存在的安全问题，明确职业道德中的敬业精神在实际操作中的重要性。

知识索引

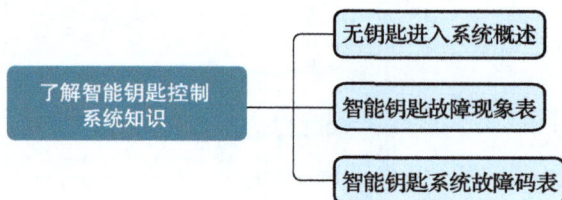

了解智能钥匙控制系统知识
- 无钥匙进入系统概述
- 智能钥匙故障现象表
- 智能钥匙系统故障码表

情境导入

一辆比亚迪秦 EV，驾驶人手持智能钥匙解锁车门时，车门无法解锁，车辆无任何反应。维修人员初步诊断是智能钥匙芯片故障，请你根据所学知识，制定诊断维修方案并排除故障。

获取信息

引导问题 1

请查阅相关资料，简述比亚迪秦 EV 车型智能钥匙探测系统的组成。

_____

_____

_____

引导问题 2

请查阅相关资料，简述比亚迪秦 EV 智能钥匙失效的可能原因。

_____

_____

_____

无钥匙进入系统概述

以比亚迪秦 EV 车型为例，它的智能钥匙探测系统由 6 个探测天线总成（车内 3 个，车外 3 个）和 1 个集成在智能钥匙控制模块内的高频接收模块组成，探测有效范围为车内及车外 1.5m 内。（注意：2021 款比亚迪秦 EV 的智能钥匙模块及高频接收器集成在左域控制器内，即十合一车身控制器。）驾驶人持有合法的智能钥匙，当驾驶人靠近车辆 10~30m 时按下智能钥匙解锁按键，智能钥匙发出 434MHz 频率的信号进行寻车；集成式车身控制器由于有常电，车内外的天线会发出低频信号，低频信号范围为 0.7~1.5m，钥匙对码信号经过舒适网以及车载 4G 模块与云端进行信息交互，钥匙对码、匹配成功后，集成式车身控制器控制闪光继电器工作，车辆的闪光灯会闪烁两下，说明钥匙匹配成功。驾驶人可以直接拉开车门进入驾驶室内起动车辆。图 4-1-1 所示为智能钥匙系统控制框图。

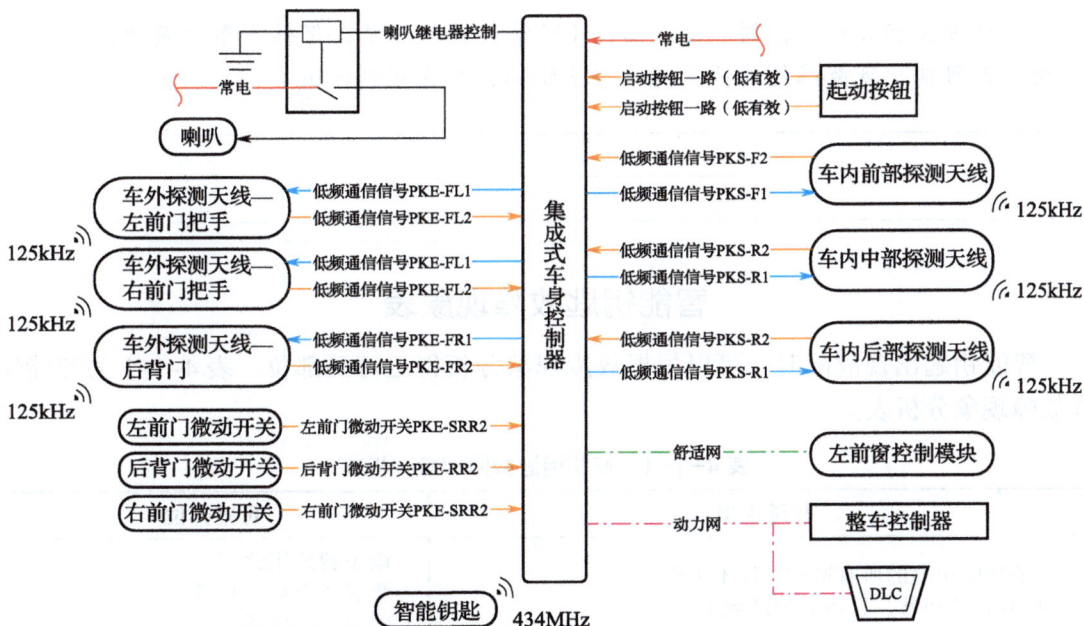

图 4-1-1　智能钥匙系统控制框图

在使用智能钥匙时需要注意以下几点：

1）不要将钥匙放在高温区域。

2）不要用硬物击打或摔钥匙。

3）将钥匙远离磁场区。

4）当车门上锁并进入防盗状态后如果不使用车，将钥匙远离车辆，因为车辆自动寻卡通信会消耗蓄电池的电量。

若电子智能钥匙失效，考虑可能由以下几种情况导致：

1）钥匙蓄电池电量不足。

2）检测系统附近有很强的磁场或电场，如 TV 信号塔等。

3）钥匙被金属物体屏蔽。

4）钥匙与手机放在一起。

5）附近另外一辆车电子智能钥匙系统也在工作。

❓ 引导问题 3

请查阅相关资料，简述比亚迪秦 EV 电子智能钥匙的所有遥控功能不工作时可能出现故障的部位（持有合法钥匙，且在遥控区域）。

_____

_____

_____

❓ 引导问题 4

请查阅相关资料，简述比亚迪秦 EV 遥控功能正常，但操作车后微动开关无动作时可能出现故障的部位（持有合法钥匙，且在探测区域）。

_____

_____

智能钥匙故障现象表

智能钥匙出现故障时，可以根据故障现象分析得出可疑部位，表 4-1-1 为智能钥匙故障现象分析表。

表 4-1-1　智能钥匙故障现象分析表

故障现象	可疑部位
电子智能钥匙的所有遥控功能不工作 （持有合法钥匙，且在遥控区域）	电子智能钥匙 集成式车身控制器 线束或插接器
遥控功能正常，但操作左前门微动开关无动作 （持有合法钥匙，且在探测区域）	左前门把手微动开关 左前门把手探测天线 集成式车身控制器 线束或插接器

（续）

故障现象	可疑部位
遥控功能正常，但操作右前门微动开关无动作 （持有合法钥匙，且在探测区域）	右前门把手微动开关 右前门把手探测天线 集成式车身控制器 线束或插接器
遥控功能正常，但操作车后微动开关无动作 （持有合法钥匙，且在探测区域）	车后微动开关 车后探测天线 集成式车身控制器 线束或插接器
车内探测天线无法识别钥匙 （持有合法钥匙，且在探测区域）	车内探测天线（前、中、后） 集成式车身控制器 线束或插接器
无电模式下启动不能正常工作	启动按钮 智能钥匙 线束或插接器

❓ 引导问题 5

　　请查阅相关资料，简述比亚迪秦 EV 智能钥匙系统故障码 B2298-96 的故障描述和故障范围。

_____

_____

_____

智能钥匙系统故障码表

　　当车辆起动后进行故障检查时，如果连接诊断仪发现故障码（DTC），可以根据 DTC 和故障现象，判断出现故障的范围。表 4-1-2 为智能钥匙系统故障码表。

表 4-1-2　比亚迪秦 EV 智能钥匙系统故障码表

DTC	故障描述	故障范围
B229D-16	高频接收器模块供电过低故障	集成式车身控制器
		线束或插接器
B229D-17	高频接收器模块供电过高故障	集成式车身控制器
		线束或插接器
B2298-96	读卡器模块内部天线故障	车内多功能（前部）探测天线
B227C13	车内前部探测天线开路故障	车内前部探测天线
		线束或插接器
B227D13	车内中部探测天线开路故障	车内中部探测天线
		线束或插接器

（续）

DTC	故障描述	故障范围
B227E13	车内后部探测天线开路故障	车内后部探测天线
		线束或插接器
B22A713	车外左前探测天线开路故障	车外左前探测天线
		线束或插接器
		集成式车身控制器
B22A613	车外右前探测天线开路故障	车外右前探测天线
		线束或插接器
B22A813	车外行李舱探测天线开路故障	车外行李舱探测天线
		线束或插接器
B22A016	低频天线驱动供电过低故障	低频天线
		线束或插接器
B22A017	低频天线驱动供电过高故障	低频天线
		线束或插接器
B227B00	转向轴锁不匹配	未匹配
B22AB00	ECM 不匹配	ECM/ 整车控制器
		未匹配

📖 拓展阅读

　　造车新势力中，包括蔚来汽车、理想汽车、小鹏汽车、威马汽车等均配备了无钥匙进入功能，吉利、比亚迪等品牌中的部分车型也实现了无钥匙进入功能。比亚迪智能网联中心、智能电气工程部总监吴丽华表示："NFC 车钥匙功能已在比亚迪秦 Pro 超越版、宋 Pro 上线，未来或将覆盖比亚迪旗下所有新车型。"这里提到的 NFC 车钥匙是指利用近距离无线通信技术，NFC 车钥匙与车辆在彼此靠近的情况下可进行数据交换，以实现解锁、落锁功能。现在很多智能手机已经兼容 NFC 功能，通过在手机芯片上集成读卡器、感应卡以及点对点通信功能，手机就变成了地铁卡、门禁卡、身份证、银行卡……变身为车钥匙也不是难事。

　　近场通信（NFC）技术的安全性国际公认较高，离车后 NFC 中央感应系统也会通过离车时间自动判断是否锁门，不必担心像 RFID 和红外线那种远程遥控被破解造成车辆丢失的情况发生。

　　NFC 钥匙与手机云解锁的最大区别是不需要联网也可以开启车门，在网络不好的地下车库这个优点显得更为突出。值得注意的是，部分机型在没电关机的状态下，车主也可以实现极速解闭锁、起动车辆。

　　除 NFC 钥匙，目前汽车无钥匙进入技术还有云钥匙、手机蓝牙钥匙等形式。

　　云钥匙是通过手机应用程序与车辆建立远程通信控制状态。在手机和车辆均有网络连接的情况下，用户可以通过手机 App 实现远程解闭锁、远程起动等操作。

　　蓝牙钥匙是通过蓝牙将手机和车辆进行匹配，当手机 App 开启或后台运行情况下靠近车辆，即可自动解锁车门，手机离开车辆一定范围后车辆自动落锁。

　　近些年车钥匙从最初的普通车门钥匙，到后来的遥控钥匙、电子钥匙（无钥匙进入及起动系统，PEPS），再到现在智能化的无钥匙进入系统，已经从一个实物演变成了一个概念。这也证明了未来无钥匙进入系统的应用市场前景形势大好。

　　尽管如此，无钥匙进入技术难以做到 100% 安全，黑客的攻击和破解可能会给车企或车主带来相当大的损失。随着智能化大数据时代的到来，企业既要保证数据能够安全传输，又要在确立规格标准时遵从保护用户隐私的相关法律规定及行业标准，合规处理这些信息。

　　技术的迭代更新、快速发展，正激励着各行各业的技术型人才砥砺前行。习近平总书记指出："创新是一个民族进步的灵魂，是一个国家兴旺发达的不竭动力"。作为技术型人才，在每一个平凡的工作岗位上，应做到力求创新，对现有的技术大胆革新，给行业技术带来突破性贡献，促进技术提升，为推动社会经济发展做出贡献。

🧑‍🤝‍🧑 任务分组

学生任务分配表见表 4-1-3。

表 4-1-3　学生任务分配表

班级		组号		指导老师	
组长		学号			
组员角色分配					
信息员		学号			
操作员		学号			
记录员		学号			
安全员		学号			
任务分工					
（就组织讨论、工具准备、数据采集、数据记录、安全监督、成果展示等工作内容进行任务分工）					

工作计划

按照前面所了解的知识内容和小组内部讨论的结果，制定工作方案，落实各项工作负责人，如任务实施前的准备工作、实施中主要操作及协助支持工作、实施过程中相关要点及数据的记录工作等。

工作计划表

步骤	工作内容	负责人
1		
2		
3		
4		
5		
6		
7		
8		

进行决策

1）各组派代表阐述资料查询结果。

2）各组就各自的查询结果进行交流，并分享技巧。

3）教师对各组的计划方案进行点评。

4）各组长对组内成员进行任务分工，教师确认分工是否合理。

任务实施

引导问题 6

扫描二维码观看视频，了解比亚迪秦 EV 车内低频探测天线故障诊断与排除步骤，说说操作的要点。

_____

_____

车内低频探测天线故障
诊断与排除（秦 EV）

根据所学新能源汽车智能钥匙系统的相关知识，在比亚迪秦 EV 实车上完成车内低频探测天线的故障诊断与排除，并完成实训工单的填写。

实训准备			
序号	设备及工具名称	数量	设备及工具是否完好
1	一体化集成工量具	1套	□是 □否
2	三层工具车	1辆	□是 □否

（续）

序号	设备及工具名称	数量	设备及工具是否完好
3	车内四件套	1套	□是　□否
4	车外三件套	1套	□是　□否
5	安全防护套装	1套	□是　□否
6	警示牌	1套	□是　□否
7	灭火器	1套	□是　□否
8	耐磨手套	若干	□是　□否
9	万用表	1套	□是　□否
10	万用接线盒	1套	□是　□否
11	故障诊断仪	1套	□是　□否
12	内饰拆装工具	1套	□是　□否
13	比亚迪秦 EV 整车	1辆	□是　□否
质检意见	原因：		□是　□否

车内低频探测天线故障诊断与排除（秦 EV）

序号	步骤	记录	完成情况
	车内低频探测天线故障诊断与排除（秦 EV）		
1	**准备工作** 检查耐磨手套有无破损，如有破损需进行更换 检查绝缘手套有无破损，确定其在合格有效期内，绝缘等级应大于 1000V 检查万用表外观有无破损，检查红黑表笔外观有无破损，连接万用表红黑表笔并调至电阻档，进行万用表校表 将车辆正确停放至工位，放置车轮挡块 规范铺设车内四件套 进入车内，踩下制动踏板，按下起动开关 打开前舱盖，规范铺设车外三件套		已完成□ 未完成□
2	**确定故障点** 连接故障诊断仪，读取故障码 确定当前故障点为：B227E13 车内后部探测天线开路 车辆下电，断开低压蓄电池负极并使用绝缘胶带缠绕 打开行李箱盖，使用内饰拆装工具拆卸左后内饰板 断开无钥匙系统电控单元 G25（A）的低压接插件 断开后部探测天线 K25 的低压接插件		已完成□ 未完成□

（续）

序号	步骤	记录	完成情况
2	红色背插针连接 K25-1 号端子，黑色背插针连接 G25（A）-15 号端子，测得阻值为 0.5Ω，正常。标准值应小于 1Ω 红色背插针连接 K25-2 号端子，黑色背插针连接 G25（A）5 号端子，测得阻值为 0.4Ω，正常。标准值应小于 1Ω 确认线束无故障，应更换新的后部探测天线模块		已完成□ 未完成□
3	**更换后部探测天线模块** 使用绝缘十字螺丝刀拆卸后部探测天线模块的两颗固定螺钉 取下后部探测天线模块 使用绝缘十字螺丝刀安装后部探测天线模块的两颗固定螺钉 连接 G25（A）的低压接插件 拆除低压蓄电池负极的绝缘胶带，安装低压蓄电池负极 车辆上电 连接故障诊断仪，清除故障码 显示无故障 按下钥匙解锁按钮，车辆正常解锁，故障修复 安装左后内饰板 完成智能钥匙模块故障排查操作 关闭行李箱盖		已完成□ 未完成□
4	**实训现场 6S 整理** 规范拆除车外三件套，关闭前舱盖 规范拆除车内四件套 回收车轮挡块 清点工具，放回原位，进行场地 6S 工作		已完成□ 未完成□
总结提升			已完成□ 未完成□
质检意见	原因：		已完成□ 未完成□

💬 评价反馈

1）各组代表展示汇报 PPT，介绍任务的完成过程。

2）请以小组为单位，对各组的操作过程与操作结果进行自评和互评，并将结果填入综合评价表中的小组评价部分。

3）教师对学生工作过程与工作结果进行评价，并将评价结果填入综合评价表中的教师评价部分。

综合评价表

班级		组别		姓名		学号	
实训任务							
评价项目		评价标准				分值	得分
小组评价	计划决策	制定的工作方案合理可行，小组成员分工明确				10	
	任务实施	能够正确检查并设置实训工位				5	
		能够准备和规范使用工具设备				5	
		能够正确诊断车内低频探测天线故障的原因				20	
		能够正确排除车内低频探测天线故障				20	
		能够规范填写任务工单				10	
	任务达成	能按照工作方案操作，按计划完成工作任务				10	
	工作态度	认真严谨，积极主动，安全生产，文明施工				10	
	团队合作	小组组员积极配合、主动交流、协调工作				5	
	6S 管理	完成竣工检验、现场恢复				5	
		小计				100	
教师评价	实训纪律	不出现无故迟到、早退、旷课现象，不违反课堂纪律				10	
	方案实施	严格按照工作方案完成任务实施				20	
	团队协作	任务实施过程互相配合，协作度高				20	
	工作质量	能准确规范完成实训任务				20	
	工作规范	操作规范，三不落地，无意外事故发生				10	
	汇报展示	能准确表达，总结到位，改进措施可行				20	
		小计				100	
综合评分		小组评价分 × 50% + 教师评价分 × 50%					
总结与反思							

（如：学习过程中遇到什么问题→如何解决的 / 解决不了的原因→心得体会）

学习目标

- 掌握智能钥匙系统的作用与组成。
- 掌握比亚迪秦 EV 智能钥匙功能。
- 能通过维修手册查找到智能钥匙的端子。
- 能够完成比亚迪秦 EV 智能钥匙系统信号检测。
- 会根据维修手册的指引进行智能钥匙系统信号的测量，并给出维修结论。
- 了解实训中可能存在的安全问题，明确职业道德中的敬业精神在实际操作中的重要性。

知识索引

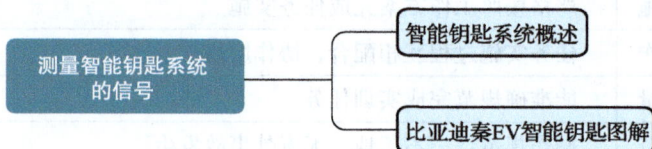

情境导入

　　一辆比亚迪秦 EV，驾驶人反映按下智能钥匙的起动功能，车辆无法正常起动，维修人员初步诊断是智能钥匙模块不工作。请你根据所学知识，完成智能钥匙模块相关信号的测量，并判断故障原因，排除故障。

获取信息

引导问题 1

　　请查阅相关资料，简述智能钥匙控制系统的作用。

_____

_____

_____

❓ **引导问题 2**

请查阅相关资料，简述新能源汽车智能钥匙系统各模块组成。

_____

_____

_____

智能钥匙系统概述

智能钥匙控制系统即无钥匙进入系统，也称智能钥匙系统，是由发射器、遥控中央锁控制模块、驾驶授权系统控制模块及相关线束组成的控制系统。具备智能钥匙系统的车辆可以根据智能钥匙发来的信号，进入锁止或不锁止状态，甚至可以自动关闭车窗和天窗。当驾驶人触到门把手时，中央锁控制系统便开始工作，并发射一种无线查询信号，智能钥匙卡做出正确反应后，车锁便自动打开，只有当中央处理器感知钥匙卡在汽车内时，车辆才可以起动。新能源汽车技术的发展也不断推动着车钥匙系统的发展，目前新能源汽车智能钥匙系统功能逐渐完善，同时具有遥控（包括遥控解闭锁、遥控升降窗、遥控起动车辆）、识别（如智能寻车）、防盗报警、无钥匙系统（包括无钥匙进入、无钥匙起动、无电模式启动）功能。图 4-2-1 所示为汽车智能钥匙。

图 4-2-1　汽车智能钥匙

智能钥匙系统各模块组成和作用如下：

（1）车外磁卡探测天线　其主要是接收智能钥匙控制器的指令，发出含有加密报文的 125kHz 的低频检测信号用于车辆合法钥匙检测认证。车外探测天线的信号检测范围在 0.8~1m 之间。

（2）车内探测天线　其主要是接收来自智能钥匙控制器的指令，发出含有加密报文的 125kHz 的低频检测信号用于车辆合法钥匙检测认证。

（3）转向轴锁　智能钥匙系统中的执行单元，其位于转向管柱上，主要是接收 BCM 发出的指令，锁止或解锁转向管柱。

（4）电子钥匙　作为车辆的唯一合法认证信息源，其主要是接收低频检测信号，认证匹配通过后发出高频信号用于车辆解锁、闭锁、起动以及迎宾灯点亮等功能实现。智能钥匙除了以上功能外，还带有机械钥匙用于驾驶人侧解锁车门。

（5）射频读卡器（与前部车内探测天线集成在一起形成多功能探测天线）　用于在无电模式下和智能钥匙进行通信检测钥匙的合法性。

（6）起动按钮　起动按钮用于输出上电、起动、退电信号给车身控制器。

（7）集成式车身控制器（集成了高频接收模块和智能钥匙控制器）　车身控制器作为智能钥匙系统中的执行元器件，用于接收来自智能钥匙控制器的指令来解、闭锁车门，控制迎宾灯点亮、车窗升降等；高频接收器的作用主要是接收智能钥匙发出的含有加密报文的 434MHz 高频信号，解调后传递给智能钥匙控制器。高频接收器的信号接收范围在 20m 左右。智能钥匙控制器作为整车防盗的核心部件，是整个防盗核心的最后认证通道，其接收微动开关的解锁信号后发出低频检测信号，以及接收来自高频接收模块的解调信号进行防盗认证，并将认证结果传到转向轴锁、车身控制器以及发动机控制模块等需要防盗认证的模块。

（8）微动开关　用于无钥匙进入时解闭锁信号的输入。

引导问题 3

请查阅相关资料，简述比亚迪秦 EV 智能钥匙系统基本组成。

_____

_____

_____

引导问题 4

请查阅相关资料，简述比亚迪秦 EV 智能钥匙系统工作原理。

_____

_____

_____

比亚迪秦 EV 智能钥匙图解

图 4-2-2 所示为比亚迪秦 EV 智能钥匙功能说明。当驾驶人手持合法的智能钥匙在车辆探测范围内，按一下上锁键即可给车辆上锁，按一下解锁键即可解锁车辆；连续按两下行李舱解锁按钮即可打开行李舱。遥控钥匙距离车辆约 30m 时，长按遥控起动按钮约 10s，车辆可以自动起动并打开空调，驾驶室内随时保持冬暖夏凉，再次长按即可关闭。

比亚迪秦 EV 智能钥匙模块安装在行李舱左侧翼子板处，如图 4-2-3 所示。在维修检测时需要拆卸行李舱内饰板。注意：内饰板扣损坏要立即更换，否则会导致噪声。

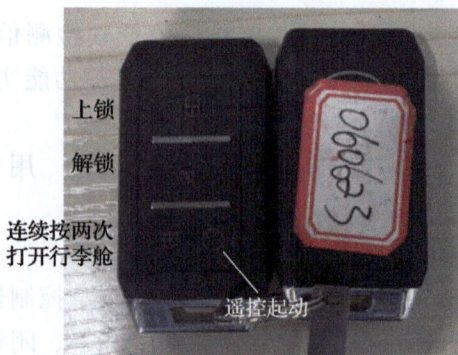

上锁

解锁

连续按两次
打开行李舱

遥控起动

图 4-2-2　比亚迪秦 EV 智能钥匙功能　　图 4-2-3　比亚迪秦 EV 智能钥匙模块安装位置

采集智能钥匙模块各端子数据时，关闭点火开关，使用探针检测各端子的电压或电阻值。根据表4-2-1和表4-2-2的测试条件及测量值参考，判断KG25（A）和KG25（B）是否存在故障。KG25（A）端子和KG25（B）端子外观如图4-2-4所示。

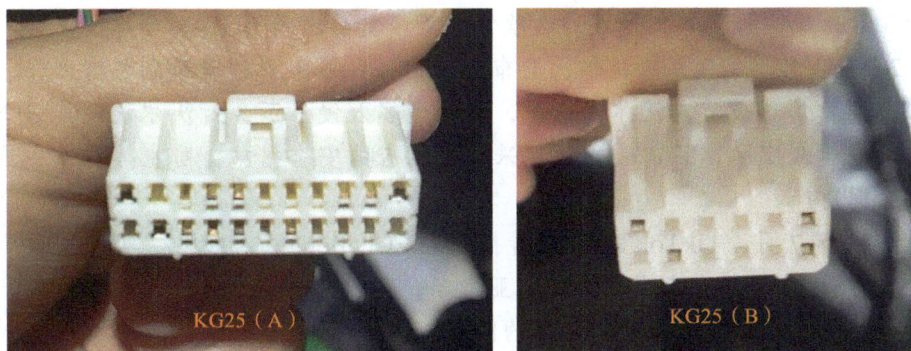

图4-2-4　KG25（A）、KG25（B）端子

表4-2-1　智能钥匙模块KG25（A）端子测试条件及测量值参考

端子号	线束线色	端子描述	测试条件	正常值
KG25（A）-1	G/Y	蓄电池正极	始终	11~14V
KG25（A）-9	B	车身地	始终	<1Ω
KG25（A）-10	B	车身地	始终	<1Ω

表4-2-2　智能钥匙模块KG25（B）端子测试条件及测量值参考

端子号	线束线色	端子描述	测试条件	正常值
KG25（B）-1	W/L	车门把手开关（左前门）	按下左前门微动开关	<1Ω
KG25（B）-2	G/R	车门把手开关（右前门）	按下右前门微动开关	<1Ω
KG25（B）-3	B/R	车背门微动开关 PKE-SRR1	按下车后微动开关	<1Ω
KG25（B）-6	V	CAN-L 起动子网	始终	约 2.5V
KG25（B）-12	P	CAN-H 起动子网	始终	约 2.5V

📖 **拓展阅读**

随着互联网技术的蓬勃发展，汽车领域兴起了越来越多的"互联网+"汽车、智能化汽车，推动汽车行业向更智能化的方向发展，但网络安全问题却困扰着汽车行业的发展。车企的网络安全系统，如果存在许多漏洞，一旦遭受攻击就可能直接、间接地影响车载人员及公共区域的人身、财产安全。

汽车网络安全事件时有发生。

2021年，克莱斯勒公司联网汽车的车载信息系统遭遇黑客的破解，进而导致重大安全隐患：黑客可以通过网络对汽车进行远程遥控。在两名黑客的演示中，他们证明了可以从任何接入互联网的地方"远程获取汽车的关键功能操作权限，比方踩下制动踏板、让发动机熄火、把车开下公路，并可令所有电子设备宕机"。

2021 年 4 月，一些网络专家曾经展示如何破解特斯拉汽车，并操控它。这些人通过携带 WiFi 加密狗的无人机，靠近汽车后打开锁着的车门并进入车内。特斯拉后来声明称，他们已经通过软件补丁修复了这个 BUG。

2021 年 12 月 10 日，沃尔沃发布公告称公司服务器的确遭到黑客入侵，以致部分研发信息被盗。沃尔沃表示，本次黑客入侵，不会对沃尔沃汽车或个人数据安全造成威胁，目前公司已经采取了相应的安全措施，防止黑客进一步获得其数据财产。

2022 年 7 月，TikTok 上疯狂传播 "Kia Challenge" 活动，"实验人员" 只需一根 USB 线即可盗走现代或者起亚汽车，此行为本质上是一种偷车行为，但同时也说明汽车存在安全逻辑漏洞的问题。

2023 年 1 月 15 日，一位理想汽车车主表示，自己夜间驾驶理想汽车出行时，无意间发现自己车辆中控屏突然显示车辆后方有人追车，而自己反复检查后发现车后并没有人，过了一段时间，中控屏上的小人自行消失了。针对该事件理想汽车官方发布微博回应："这既不是灵异事件，也不是误入了高维空间翘曲碎片，而是理想 L8 Pro（AD Pro 平台 4.2 版本）视觉感知算法的 BUG，有一定概率在雨天夜间的环境，后视相机被水滴所干扰"。

世界各汽车公司正积极研发汽车网络安全技术，以保证网络安全、畅通运行，减少被攻击、信息泄露、BUG 等问题。对于汽车网络安全这样的新兴事物，目前行业中的指标、标准都不统一，每个行业机构、每个车企都有自己的认知方式，距离实现系统且完善的统一标准尚需一定时间。

作为从事该行业的技术人员，应具备一定的职业素养以及法律意识，履行行业技术保密义务，积极维护汽车网络信息安全，坚决打击那些破坏社会稳定和不法分子入侵的行为，坚定地维护社会正义和稳定。

🙎 任务分组

学生任务分配表见表 4-2-3。

表 4-2-3　学生任务分配表

班级		组号		指导老师	
组长		学号			
组员角色分配					
信息员		学号			
操作员		学号			
记录员		学号			
安全员		学号			

（续）

任务分工
（就组织讨论、工具准备、数据采集、数据记录、安全监督、成果展示等工作内容进行任务分工）

工作计划

按照前面所了解的知识内容和小组内部讨论的结果，制定工作方案，落实各项工作负责人，如任务实施前的准备工作、实施中主要操作及协助支持工作、实施过程中相关要点及数据的记录工作等。

工作计划表

步骤	工作内容	负责人
1		
2		
3		
4		
5		
6		
7		
8		

进行决策

1）各组派代表阐述资料查询结果。

2）各组就各自的查询结果进行交流，并分享技巧。

3）教师对各组的计划方案进行点评。

4）各组长对组内成员进行任务分工，教师确认分工是否合理。

任务实施

引导问题 5

扫描二维码观看视频，了解比亚迪秦 EV 实车智能钥匙系统的信号测量步骤。

智能钥匙模块数据信号测量（秦 EV）

根据所学新能源汽车智能钥匙系统相关知识，在比亚迪秦 EV 实车上完成智能钥匙模块数据信号测量，并完成实训工单的填写。

\multicolumn{4}{c}{实训准备}			
序号	设备及工具名称	数量	设备及工具是否完好
1	一体化集成工量具	1 套	□是　　□否
2	三层工具车	1 辆	□是　　□否
3	车内四件套	1 套	□是　　□否
4	车外三件套	1 套	□是　　□否
5	安全防护套装	1 套	□是　　□否
6	警示牌	1 套	□是　　□否
7	灭火器	1 套	□是　　□否
8	耐磨手套	若干	□是　　□否
9	万用表	1 套	□是　　□否
10	万用接线盒	1 套	□是　　□否
11	比亚迪秦 EV	1 辆	□是　　□否
质检意见	原因：		□是　　□否

智能钥匙模块数据信号测量（秦 EV）

\multicolumn{4}{c}{智能钥匙模块数据信号测量（秦 EV）}			
序号	步骤	记录	完成情况
1	**准备工作** 检查耐磨手套有无破损，如有破损需进行更换 检查绝缘手套有无破损，确定其在合格有效期内，绝缘等级应大于 1000V 检查万用表外观有无破损，检查红黑表笔外观有无破损，连接万用表红黑表笔并调至电阻档，进行万用表校表 将车辆正确停放至工位，放置车轮挡块 规范铺设车内四件套 进入车内，踩下制动踏板，按下起动开关，降下驾驶位车窗，确认车辆状态，车辆下电 打开前舱盖，规范铺设车外三件套		已完成□ 未完成□
2	**智能钥匙模块数据信号测量** 根据电路图进行检测 拆卸仪表下护板，断开灯光调节接插件 根据熔丝盒盖找到智能钥匙模块常电熔丝 F2/46		已完成□ 未完成□

（续）

序号	步骤	记录	完成情况
2	使用万用表测量 F2/46 熔丝下游对地电压，黑表笔接地，测得 12.14V 左右 　安装仪表配电盒熔丝盖，连接灯光调节接插件，安装仪表左下护板 　打开行李箱盖 　使用内饰专用拆卸工具拆卸左下侧护板的 4 个卡扣，取出左下护板 　万用表红表笔连接背插针测量智能钥匙模块 KG25（A）/1 对地电压，测得 12.22V 左右，正常 　以同样的方法测量 KG25（B）/6 与 KG25（B）/12 　测量 KG25（B）/6 对地电压，黑表笔接地，测得约 2.42V 　测量 KG25（B）/12 对地电压，黑表笔接地，测得约 2.493V 　断开低压蓄电池负极并使用绝缘胶带缠绕 　使用万用表调至电阻档，测量 Ek06 接地线对地阻值，测得小于 1Ω，正常 　安装左下侧内饰板 　拆除低压蓄电池负极绝缘胶带，安装低压蓄电池负极 　完成智能钥匙模块数据信号测量		已完成□ 未完成□
3	**实训现场 6S 整理** 规范拆除车外三件套，关闭前舱盖 规范拆除车内四件套 回收车轮挡块 清点工具，放回原位 进行场地 6S 工作		已完成□ 未完成□
总结提升			已完成□ 未完成□
质检意见	原因：		已完成□ 未完成□

评价反馈

1）各组代表展示汇报 PPT，介绍任务的完成过程。

2）请以小组为单位，对各组的操作过程与操作结果进行自评和互评，并将结果填入综合评价表中的小组评价部分。

3）教师对学生工作过程与工作结果进行评价，并将评价结果填入综合评价表中的教师评价部分。

综合评价表

班级		组别		姓名		学号	
实训任务							
评价项目		评价标准				分值	得分
小组评价	计划决策	制定的工作方案合理可行，小组成员分工明确				10	
	任务实施	能够正确检查并设置实训工位				5	
		能够准备和规范使用工具设备				5	
		能够正确完成比亚迪秦 EV 智能钥匙模块 KG25（A）信号测量				20	
		能够正确完成比亚迪秦 EV 智能钥匙模块 KG25（B）信号测量				20	
		能够规范填写任务工单				10	
	任务达成	能按照工作方案操作，按计划完成工作任务				10	
	工作态度	认真严谨，积极主动，安全生产，文明施工				10	
	团队合作	小组组员积极配合、主动交流、协调工作				5	
	6S 管理	完成竣工检验、现场恢复				5	
		小计				100	
教师评价	实训纪律	不出现无故迟到、早退、旷课现象，不违反课堂纪律				10	
	方案实施	严格按照工作方案完成任务实施				20	
	团队协作	任务实施过程互相配合，协作度高				20	
	工作质量	能准确规范完成实训任务				20	
	工作规范	操作规范，三不落地，无意外事故发生				10	
	汇报展示	能准确表达，总结到位，改进措施可行				20	
		小计				100	
综合评分		小组评价分 ×50% + 教师评价分 ×50%					
总结与反思							
（如：学习过程中遇到什么问题→如何解决的 / 解决不了的原因→心得体会）							

新能源汽车电气技术

能力模块五

掌握组合仪表系统知识及信号测量方法

了解比亚迪秦 EV 的组合仪表知识

🎯 学习目标

- 了解比亚迪秦 EV 的组合仪表外观结构。
- 掌握组合仪表的仪表盘信息和信号指示信息。
- 掌握组合仪表系统的控制方式。
- 掌握组合仪表系统的故障码。
- 能够识别比亚迪秦 EV 实车的组合仪表各类指示灯和仪表盘信息。
- 了解实训中可能存在的安全问题，明确职业道德中的敬业精神在实际操作中的重要性。

🗂 知识索引

```
                              ┌─ 组合仪表概述
                              │
                              ├─ 计量表类
                              │
了解比亚迪秦EV ───────────────┼─ 警告和指示类
的组合仪表知识                │
                              ├─ 组合仪表系统框图
                              │
                              └─ 组合仪表故障码
```

📖 情境导入

　　一辆比亚迪秦 EV，正常上电后，驾驶人反映仪表上图标灯 🔋 亮起，请你根据所学知识，告诉驾驶人该故障灯的含义和导致该故障灯亮起的原因。

📨 获取信息

❓ 引导问题 1

请查阅相关资料，简述新能源汽车全液晶仪表盘的主要部件。

_____

_____

_____

组合仪表概述

全液晶仪表盘又称全模拟仪表盘，是以整块液晶屏幕作为仪表盘，通过电子屏幕展示各种车辆信息，显示效果佳、科技感强。全液晶仪表最初只出现在一些豪华车型上，随着技术逐渐成熟，逐渐在各种车型普及。为了显示更多车辆信息，如车辆不同驾驶模式、能量回收情况、车辆电量等，不少新能源车型也配备了全液晶仪表。

比亚迪秦 EV 的组合仪表是一种机电组合仪表，位于驾驶人正前方、转向管柱的上部，包括安装件和电气连接等部分。所有组合仪表的电路组成单一线束，用插接件通过组合仪表壳体背面连接。组合仪表的表盘和指示灯保护在一整块透明面罩后面。透明面罩采用遮光板，使仪表的表面免受环境光照和反射的影响，以达到减轻眩光的效果。组合仪表的照明是通过液晶显示来实现的，此种照明方式可照亮仪表，使其达到必需的能见度。组合仪表的指示灯也是通过液晶显示的。连接电路将组合仪表连接到整车的电气系统上，这些连接电路被集成在线束内按不同位置进行走向，并按多种不同方式固定。图 5-1-1 所示为比亚迪秦 EV 组合仪表安装位置。

图 5-1-1　比亚迪秦 EV 组合仪表安装位置

❓ 引导问题 2

请查阅相关资料，简述新能源汽车组合仪表中计量表有哪些。

_____

_____

_____

计量表类

新能源汽车中的计量表类通常包含车速表、功率表、电量表等，见表 5-1-1。

表 5-1-1　比亚迪秦 EV 计量表类

名称	描述
车速表	用于显示瞬时速度，基于轮速传感器，ABS 将轮速信号转化为车速信号，通过 CAN 将数据传给组合仪表
功率表	根据电池管理器的功率计算得出，组合仪表通过采集 CAN 上动力电池管理模块发送的总电压、总电流计算功率，同时判断正、负
电量表	组合仪表采集动力电池管理模块的 CAN 信息，显示电池容量
里程表	分为日里程表和总累计里程表，用于记录一天或累计行驶的总里程
冷却液温度表	用于指示冷却液的温度

❓ 引导问题 3

请查阅相关资料，简述比亚迪秦 EV 组合仪表指示灯 Ⓟ 的含义。

_____

_____

警告和指示类

新能源汽车上的警告和指示类图标比较多，显示时有三种颜色：绿色、黄色、红色。绿色表示车辆正常。黄色起到警示作用，车辆可以正常行驶，但车辆处于不正常的状态。红色起到警告作用，车辆无法正常行驶。是比亚迪秦 EV 的各类指示灯图标和工作逻辑，见表 5-1-2。

表 5-1-2　比亚迪秦 EV 各类指示灯图标和工作逻辑

名称	图标	工作逻辑
转向指示灯	⬅ ➡	仪表通过硬线采集组合开关转向信号
远光灯指示灯		组合仪表接收到远光灯"开启"的 CAN 信息时，点亮此灯并长亮；接收到远光灯"关闭"的 CAN 信息时，此灯熄灭。此指示灯和远光灯同步工作
小灯指示灯		从组合开关接收小灯开关信号（CAN）
前雾灯指示灯		从组合开关接收前雾灯开关信号（CAN）
后雾灯指示灯		从组合开关接收后雾灯开关信号（CAN）
驾驶人座椅安全带指示灯		从十合一控制器（BCM）接收安全带开关信号（CAN）

（续）

名称	图标	工作逻辑
SRS 故障警告灯		从安全气囊系统接收安全气囊故障信号
ABS 故障警告灯		接收网关发送的 ABS 故障信息，点亮指示灯。CAN 线断线点亮
驻车制动故障警告灯		从驻车制动开关接收驻车信号（硬线）；从制动液位开关接收制动液位信号（硬线）；从组合仪表采集"EBD 故障"信号（CAN）
EPS 故障警告灯		CAN 通信传输，EPS 控制单元发送 EPS 故障指示信号给组合仪表，仪表 CPU 命令指示灯点亮
智能钥匙系统警告灯		从智能钥匙系统读取钥匙信息（CAN）
前照灯调节指示灯（预留）		组合仪表采集前照灯调节单元的模式信号（CAN）
定速巡航主显示指示灯		CAN 通信传输，电机控制器发送开关量信号给组合仪表。仪表 CPU 根据信号处理此指示灯状态
定速巡航主控制指示灯	SET	CAN 通信传输，电机控制器发送开关量信号给组合仪表。仪表 CPU 根据信号处理此指示灯状态
车门和行李舱状态指示灯		从十合一控制器（BCM）接收各门和行李舱开关状态（CAN）
主警告灯		接收到故障信息及提示信息（除背光调节、车门及行李舱状态信息外）
充电系统故障警告灯		CAN 线传输 DC 及充电系统故障信号，组合仪表控制指示灯点亮
动力电池电量低指示灯		CAN 通信传输，动力电池管理模块发送电池组电量过低报警信号给组合仪表。仪表 CPU 控制此指示灯点亮，指示灯点亮需与电量表进入红色区域同步
动力电池充电连接指示灯		硬线传输，充电感应开关闭合时，仪表点亮此指示灯。充电感应开关断开时，仪表熄灭此指示灯
电机过热警告灯		CAN 通信传输，电机控制器发送动力电机过温报警信号给组合仪表，仪表 CPU 命令指示灯点亮
动力系统故障警告灯		CAN 通信采集到电池管理器、M2 电机控制模块的故障信号时，仪表 CPU 驱动指示灯点亮
OK 指示灯	OK	M2 电机控制模块通过 CAN 发送"READY"指示灯点亮信号给组合仪表，仪表 CPU 控制此指示灯点亮
经济模式指示灯	ECO	CAN 线传输，组合仪表 CPU 驱动此指示灯工作
运动模式指示灯	SPORT	CAN 线传输，组合仪表 CPU 驱动此指示灯工作
电子驻车状态指示灯		CAN 线传输，组合仪表采集网关转发的 ID 为 0x218 的报文信号，并根据报文的内容进行相应的指示

（续）

名称	图标	工作逻辑
电机冷却液温度过高警告灯		CAN 通信传输电机控制器的冷却液温度过高报警信号，仪表 CPU 控制此指示灯点亮
ESP 故障警告灯		从 ESP 系统接收到 ESP 故障信号（CAN）
ESP OFF 警告灯		接收到 ESP 系统关闭信号（CAN）
胎压故障警告灯		从胎压监测系统接收到胎压故障信号（CAN）

❓ 引导问题 4

请查阅相关资料，简述比亚迪秦 EV 车型从网关发送到仪表系统的信息。

_____

_____

_____

组合仪表系统框图

组合仪表的系统框图，可以体现仪表与汽车各个部分的关系，如图 5-1-2 所示。比亚迪秦 EV 具体的组合仪表信息见表 5-1-3。

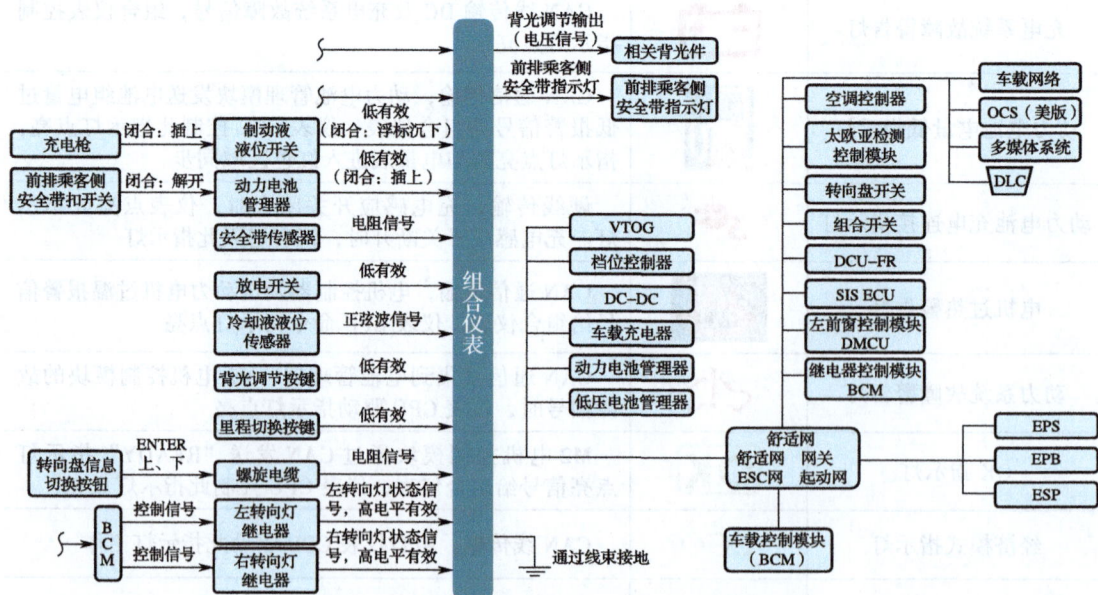

图 5-1-2 比亚迪秦 EV 组合仪表系统框图

表 5-1-3　比亚迪秦 EV 组合仪表信息

发送节点	接收节点	信息	传输类型
十合一控制器（BCM）	组合仪表	左前门状态 右前门状态 左后门状态 右后门状态 驾驶人安全带开关信号 整车状态 行李舱信号 智能钥匙系统警告灯信号 蜂鸣器控制信号	CAN
SRS	组合仪表	故障指示灯驱动信号	CAN
组合开关	组合仪表	远光灯开关信号 前雾灯开关信号 后雾灯开关信号 小灯	CAN
组合仪表	多功能屏	调光档位置信号	CAN
组合仪表	多媒体系统	驻车制动开关信号	CAN
网关	组合仪表	冷却液温度 车速信号 EBD 故障信号 ABS 故障信号 车速信号 Service 警告灯 档位信号 瞬时耗电量 ESP	CAN
灯光系统	组合仪表	左转向信号指示灯 右转向信号指示灯	硬线
组合仪表	室内灯系统	背光驱动信号	硬线

引导问题 5

　　请查阅相关资料，简述比亚迪秦 EV 组合仪表故障码 U0140 的含义。

_____

_____

_____

引导问题 6

　　请查阅相关资料，简述当比亚迪秦 EV 组合仪表出现车门和行李舱开启指示灯异常时，故障的可疑部位有哪些。

_____

_____

组合仪表故障码

常见的组合仪表故障码和故障定义，见表 5-1-4。

表 5-1-4　比亚迪秦 EV 组合仪表故障码和故障定义

序号	故障码	故障定义
1	B2342	仪表内部故障
2	B2343	时钟运行故障
3	B234B	CAN 总线接收到车速信号错误
4	B234D	信息切换按键输入装置短路故障
5	U1101	仪表与组合开关通信中断
6	U1103	仪表与 SRS 通信中断
7	U0146	仪表与网关通信中断
8	U0140	仪表与十合一控制器（BCM）通信中断
9	B243D	信息切换按键输入装置短路故障
10	B2A22	车外温度传感器断路
11	B2A23	车外温度传感器短路
12	U0111	与动力电池管理器模块失去通信
13	U0110	与驱动电机控制模块失去通信
14	U0127	与胎压监测控制模块失去通信

　　根据症状可以判断可疑部位，使用表 5-1-5 可帮助诊断故障原因。该表以递减的顺序表示故障原因的可能性，按顺序检查每个可疑部位。必要时维修或更换有故障的零件或进行调整。

表 5-1-5　症状对应可疑部位

症状	可疑部位
整个仪表不工作	电源电路
	组合仪表
长短里程调节失效	组合仪表
仪表背光调节不起作用	组合仪表
整车背光不可调节	组合仪表
	线束
	其他模块
车速表异常	轮速传感器
	ABS
	网关
	组合仪表
	CAN 通信
	组合仪表

（续）

症状	可疑部位
仪表转向指示灯不亮	组合开关
	组合仪表
	线束或插接器
远光灯指示灯不亮	CAN 通信
	组合开关
	组合仪表
驻车制动指示灯异常	驻车制动开关
	组合仪表
	线束或插接器
安全系统指示灯异常	十合一控制器（BCM）
	组合仪表
	CAN 通信
驾驶人座椅安全带指示灯异常	驾驶人侧安全带锁扣开关
	十合一控制器（BCM）
	组合仪表
	CAN 通信
	线束或插接器
安全气囊故障指示灯异常	SRS
	组合仪表
	CAN 通信
车门和行李舱开启指示灯异常	十合一控制器（BCM）
	组合仪表
	CAN 通信
后雾灯指示灯异常	组合开关
	组合仪表
	CAN 通信
前雾灯指示灯异常	组合开关
	组合仪表
	CAN 通信
小灯指示灯异常	组合开关
	组合仪表
	CAN 通信
充电系统指示灯异常	DC–DC
	组合仪表
	线束或插接器

（续）

症状	可疑部位
防抱死制动装置指示灯异常	ABS 故障
	组合仪表
	CAN 通信
智能钥匙系统钥匙位置指示灯异常	I-KEY ECU
	十合一控制器（BCM）
	组合仪表
	CAN 通信
里程信息显示异常	轮速传感器
	组合仪表
	网关
	CAN 通信

拓展阅读

众所周知，比亚迪目前在全球新能源汽车领域中，已经处于引领者的地位，它是怎样做到的呢？一起来了解比亚迪汽车的发展史。

说起它的发展史，首先要说的就是比亚迪的创始人——王传福。王传福于1993 年被北京有色金属研究院任命为比格电池总经理，任职期间积累了丰富的企业经营和电池生产方面的经验。1995 年，王传福获得了 250 万元的投资，在深圳注册成立了比亚迪实业公司，从此正式开始比亚迪品牌的成功之路。

1995—2002 年，比亚迪靠价格优势和优秀的口碑成为年销售额近一亿元的中型企业；2002 年在香港正式上市，同时依靠优秀的锂电池产品获得诺基亚手机电池的订单，成熟的电池制造技术为后面的新能源汽车"刀片电池"打下了坚实的基础；同年 7 月正式进军汽车行业，全资收购北京吉普的吉驰模具厂，开始了自己从"零"到"壹"的造车之路；仅仅过了一年，比亚迪收购了西安的秦川汽车，成为国内继吉利之后第二家民营轿车生产企业。

2005 年，比亚迪旗下第一款车型 F3 腾空出世，上市之初便凭借时尚的外观、丰富的配置以及亲民的价格优势，得到了消费者的认可。

2007 年，比亚迪 F3 的销量和口碑节节升高，比亚迪便趁热打铁顺势推出第二款车型比亚迪 F6。仅仅过了一年，在国家政策的支持下以及自身混动技术和 S6DM 研究项目的双重突破下，2008 年，比亚迪推出了全球首款量产的插电式混合动力车型，开启了自己的"王朝时代"，旗下秦、宋、唐等众多新能源车型，在市场上获得了非常不错的反响。王朝系列车型的诞生，让比亚迪在2015—2017 年间连续三年斩获全球新能源乘用车年度销量冠军，比亚迪"龙头企业"的品牌形象慢慢树立起来。

　　2020年6月20日，全新的旗舰级新能源车型——比亚迪汉上市，凭借其精致的外观和完美的内饰，在车圈中获得众多关注。同年年底，DM-i超级混动系统正式亮相。2021年4月7日，比亚迪一口气发布了2021款唐EV、秦PLUS EV、宋PLUS EV、2021款e2四款车型，同时宣布未来旗下全系纯电动车将搭载比亚迪的最新技术——刀片电池，这一举动撼动了新能源汽车领域，特别是刀片电池的出现，对于新能源汽车行业来说，属于一项重大变革。混动系统和刀片电池的出现，彻底奠定了比亚迪自主品牌"龙头企业"的身份。

　　2023年1月，比亚迪再次在电驱系统和底盘技术上实现重大突破，推出"易四方"仰望系列U8款越野车，超高技术成就高端品牌。

　　多年以来，比亚迪始终坚持"技术为王、创新为本"，保持着对绿色梦想的坚守、对技术创新的执着，实现了从电池供应商到国内乃至全世界瞩目的新能源汽车产业龙头企业的华丽转身。从比亚迪的发展历程中可以领悟，坚持技术创新才是生存王道。作为技术人员，需要牢记技术为王、创新为本的道理，真正为其所在行业领域做出突出贡献，为社会科技的进步贡献自己的力量。

👥 任务分组

学生任务分配表见表5-1-6。

表5-1-6　学生任务分配表

班级		组号		指导老师	
组长		学号			
组员角色分配					
信息员		学号			
操作员		学号			
记录员		学号			
安全员		学号			
任务分工					
（就组织讨论、工具准备、数据采集、数据记录、安全监督、成果展示等工作内容进行任务分工）					

📋 工作计划

按照前面所了解的知识内容和小组内部讨论的结果，制定工作方案，落实各项工作负责人，如任务实施前的准备工作、实施中主要操作及协助支持工作、实施过程中相关要点及数据的记录工作等。

工作计划表

步骤	工作内容	负责人
1		
2		
3		
4		
5		
6		
7		
8		

⚖ 进行决策

1）各组派代表阐述资料查询结果。

2）各组就各自的查询结果进行交流，并分享技巧。

3）教师对各组的计划方案进行点评。

4）各组长对组内成员进行任务分工，教师确认分工是否合理。

🙋 任务实施

❓ 引导问题 7

扫描二维码观看视频，以便对比亚迪秦 EV 组合仪表有基本认知，说说各仪表和指示灯的作用。

_____

_____

仪表的检查与维修（秦 EV）

根据所学新能源汽车组合仪表系统相关知识，在比亚迪秦 EV 实车上完成计量表、指示灯的识别，并完成实训工单的填写。

实训准备			
序号	设备及工具名称	数量	设备及工具是否完好
1	一体化集成工量具	1套	□是　□否

（续）

序号	设备及工具名称	数量	设备及工具是否完好
2	三层工具车	1辆	□是　□否
3	车内四件套	1套	□是　□否
4	车外三件套	1套	□是　□否
5	耐磨手套	若干	□是　□否
6	安全防护套装	1套	□是　□否
7	警示牌	1套	□是　□否
8	灭火器	1套	□是　□否
9	万用表	1套	□是　□否
10	万用接线盒	1套	□是　□否
11	比亚迪秦EV	1辆	□是　□否
质检意见	原因：		□是　□否

仪表的检查与维修（秦EV）

仪表的检查与维修（秦EV）			
序号	步骤	记录	完成情况
1	**准备工作** 检查耐磨手套有无破损，如有破损需进行更换 检查万用表外观有无破损，检查红黑表笔外观有无破损，连接万用表红黑表笔并调至电阻档，进行万用表校表 将车辆正确停放至工位，放置车轮挡块 规范铺设车内四件套 进入车内，踩下制动踏板，按下起动开关，降下驾驶位车窗，确认车辆状态，车辆下电 打开前舱盖，规范铺设车外三件套		已完成□ 未完成□
2	**仪表的检查** 将钥匙置于车外，踩下制动踏板，查看仪表是否提示检测不到钥匙，黄色钥匙指示灯是否点亮 将钥匙置于车内，不踩制动踏板，按下起动按钮，查看仪表是否提示"请踩下制动踏板，再按下起动按钮"的信息 分别打开4个车门、前舱盖、后行李箱门，查看仪表是否提示相应车门开启和关闭信息 将钥匙置于车内，踩下制动踏板，按下起动开关，车辆上电 观察仪表点亮过程中各故障指示灯是否正常自检 进行车辆相关功能操作，查看仪表是否点亮相应指示灯，如远光灯指示灯、左右转向指示灯等		已完成□ 未完成□

（续）

序号	步骤	记录	完成情况
3	**组合仪表的维修** 车辆下电 断开低压蓄电池负极并使用绝缘胶带缠绕 拆卸组合仪表总成外饰板 使用十字螺丝刀拆卸组合仪表总成 4 颗固定螺栓，断开组合仪表总成低压接插件 G01，取下组合仪表总成 检查组合仪表总成低压接插件 G01 是否有松动现象 安装组合仪表总成，安装组合仪表总成低压接插件 G01，使用十字螺丝刀安装组合仪表总成 4 颗固定螺栓，安装组合仪表总成外饰板 安装低压蓄电池负极 按下起动开关，车辆上电。仪表正常点亮 车辆下电 完成仪表的检查与维修操作		已完成□ 未完成□
4	**实训现场 6S 整理** 规范拆除车外三件套，关闭前舱盖 规范拆除车内四件套 回收车轮挡块 清点工具，放回原位 进行场地 6S 工作		已完成□ 未完成□
总结 提升			已完成□ 未完成□
质检 意见	原因：		已完成□ 未完成□

📑 评价反馈

1）各组代表展示汇报 PPT，介绍任务的完成过程。

2）请以小组为单位，对各组的操作过程与操作结果进行自评和互评，并将结果填入综合评价表中的小组评价部分。

3）教师对学生工作过程与工作结果进行评价，并将评价结果填入综合评价表中的教师评价部分。

综合评价表

班级		组别		姓名		学号	
实训任务							
评价项目		评价标准				分值	得分
小组评价	计划决策	制定的工作方案合理可行，小组成员分工明确				10	
	任务实施	能够正确检查并设置实训工位				5	
		能够准备和规范使用工具设备				5	
		能够正确完成比亚迪秦 EV 组合仪表的检查				20	
		能够正确完成比亚迪秦 EV 组合仪表的维修				20	
		能够规范填写任务工单				10	
	任务达成	能按照工作方案操作，按计划完成工作任务				10	
	工作态度	认真严谨，积极主动，安全生产，文明施工				10	
	团队合作	小组组员积极配合、主动交流、协调工作				5	
	6S 管理	完成竣工检验、现场恢复				5	
		小计				100	
教师评价	实训纪律	不出现无故迟到、早退、旷课现象，不违反课堂纪律				10	
	方案实施	严格按照工作方案完成任务实施				20	
	团队协作	任务实施过程互相配合，协作度高				20	
	工作质量	能准确规范完成实训任务				20	
	工作规范	操作规范，三不落地，无意外事故发生				10	
	汇报展示	能准确表达，总结到位，改进措施可行				20	
		小计				100	
综合评分		小组评价分 × 50% ＋ 教师评价分 × 50%					
总结与反思							

（如：学习过程中遇到什么问题→如何解决的 / 解决不了的原因→心得体会）

任务二 测量比亚迪秦 EV 组合仪表的信号

学习目标

- 熟悉仪表各指示灯代表的含义。
- 掌握仪表故障指示灯点亮后的故障排除方法。
- 能通过维修手册查找到不同组合仪表的端子。
- 会根据维修手册的指引进行组合仪表各端子信号的测量，并给出维修结论。
- 了解实训中可能存在的安全问题，明确职业道德中的敬业精神在实际操作中的重要性。

知识索引

```
测量比亚迪秦EV组合
仪表的信号              ——  组合仪表插接件端子的测量
```

情境导入

　　组合仪表是人和汽车的交互界面，为驾驶人提供所需的汽车运行参数及故障、里程等信息。一辆比亚迪秦 EV，在交流充电时，仪表充电指示灯不亮，维修人员初步诊断是组合仪表插头针脚松脱。请你根据所学知识，完成比亚迪秦 EV 组合仪表相关信号的测量，并判断故障原因，排除故障。

获取信息

引导问题 1

　　请查阅相关资料，简述当比亚迪秦 EV 充电时，充电指示灯不亮的可能原因。

_____

_____

_____

组合仪表插接件端子的测量

使用万用表测量组合仪表 G01 插接件后端各端子，测量条件及结果参照表 5-2-1。组合仪表 G01 插接件如图 5-2-1 所示。

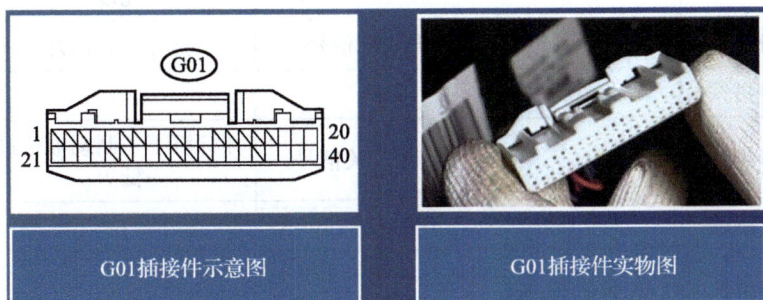

图 5-2-1　组合仪表 G01 插接件

表 5-2-1　测量组合仪表 G01 插接件后端各端子测量条件及结果

端子号	配线颜色	端子描述	条件	规定状态
G01-1—车身搭铁	—	预留	—	—
G01-2—车身搭铁	—	预留	—	—
G01-3—车身搭铁	—	预留	—	—
G01-4—车身搭铁	P	B-CAN H	始终	2.5~3.5V
G01-5—车身搭铁	V	B-CAN L	始终	1.5~2.5V
G01-6—车身搭铁	—	预留	—	—
G01-7—车身搭铁	—	预留	—	—
G01-8—车身搭铁	—	预留	—	—
G01-9—车身搭铁	—	预留	—	—
G01-10—车身搭铁	—	预留	—	—
G01-11—车身搭铁	B	搭铁（WGD6）	始终	<1Ω
G01-12—车身搭铁	B	搭铁（WGD6）	始终	<1Ω
G01-13—车身搭铁	—	预留	—	—
G01-14—车身搭铁	—	预留	—	—
G01-15—车身搭铁	—	冷却液液位	—	—
G01-16—车身搭铁	—	预留	—	—
G01-17—车身搭铁	—	预留	—	—
G01-18—车身搭铁	W/B	背光调节按键 + 信号	按下此按键	<1Ω
G01-19—车身搭铁	W/G	背光调节按键 – 信号	按下此按键	<1Ω
G01-20—车身搭铁	Y/W	（ODO/TRIP）里程切换按键 – 信号	按下此按键	<1Ω

（续）

端子号	配线颜色	端子描述	条件	规定状态
G01-21—车身搭铁	L	背光调节输出	打开小灯，调节背光亮度	电压信号
G01-22—车身搭铁	R/Y	右转向状态信号	打开右转向灯	11~14V
G01-23—车身搭铁	—	预留	—	—
G01-24—车身搭铁	G/R	制动液位开关信号	浮标沉下（制动液位过低）	<1Ω
G01-25—车身搭铁	—	预留	—	—
G01-26—车身搭铁	G	（充电连接线）车载充电器 – 充电指示灯信号	—	—
G01-27—车身搭铁	L/O	前排乘客侧安全带信号采集	坐下，且扣安全带	悬空
			无人坐	悬空
			坐下，且没扣安全带	<1V
G01-28—车身搭铁	Br	（低配有）信息切换按钮信号地	始终	<1V
G01-29—车身搭铁	R/W	（充电电源）充电信号输入	充电时（电压信号 – 高有效）	12V
G01-30—车身搭铁	—	放电开关，搭铁	—	—
G01-31—车身搭铁	—	—	—	—
G01-32—车身搭铁	—	—	—	—
G01-33—车身搭铁	R/L	左转向状态信号	打左转向灯	11~14V
G01-34—车身搭铁	—	预留	—	—
G01-35—车身搭铁	—	预留	—	—
G01-36—车身搭铁	—	—	—	—
G01-37—G01-28	W/L	（低配有）信息切换按钮输入	按下"确认"	<8.2kΩ
			按下"上"	约 23.2kΩ
			按下"下"	约 50.2kΩ
G01-38—车身搭铁	Y/R	IG1 电	ON 档电	11~14V
G01-39—车身搭铁	R/B	常电	始终	11~14V
G01-40—车身搭铁	Gr	前排乘客侧安全带指示灯控制	坐下，且扣安全带	悬空
			无人坐	悬空
			坐下，且没扣安全带	<1V

📖 拓展阅读

　　随着汽车行业的高速发展，汽车经历了多次变革。现今随着集成、数控等技术的发展普及，万物互联、大数据时代的特性，以及对用户体验的强调，汽车仪表盘拥有越来越丰富的功能，视觉和交互等体验有了质的提升，与传统意义上仅用作对车速和转速进行展示的简单元件有很大不同。这个方寸之地不但体现了厂家的技术实力，更能够展示出设计师的审美视角，可以为汽车主机厂提供更高的电子产品附加价值，与车型进行更完美的个性匹配，为消费者提供更加多样性的选择和个性化的驾驶体验。

　　从行业趋势看，高清、集成、智能是汽车仪表及显示技术的三大发展方向。基于供应商的集成能力和未来科技的发展，仪表盘将能够显示更多的安全和娱乐信息，汽车仪表也会集成更多的主动安全、ADAS 信息，与网络的互动也变得更频繁，系统也越来越开放，未来将和中控娱乐信息系统一体化融合，并集成手势控制、语音控制等操作功能。目前最先进的汽车仪表是虚拟仪表，也是汽车仪表未来的发展方向与趋势。虚拟汽车仪表得益于更强大的图形处理和显示效果，更多的指示灯被拟物化设计，从而有效降低用户的接受过程；多媒体娱乐信息和车辆基本信息也可以更符合逻辑地显示在仪表上，集中显示有助于提升驾驶安全，驾驶人的视距也不必在多个位置频繁切换；简化的设计，可以将更多空间留给乘坐或是储物等。

　　除虚拟仪表技术外，目前抬头显示技术（HUD）也应用在部分高端汽车，如奔驰 S 级汽车、宝马 X5 系列。该技术最早出现在飞机上，利用光学反射的原理，将重要的飞行相关资讯投射在一片玻璃上面。同样宝马 X5 的平视显示屏，能将重要的信息（如车辆速度、导航提醒等信息）投射到风窗玻璃的驾驶人平视范围内，且显示位置、显示亮度可调，避免驾驶人低头看仪表，从而缩短前方的视觉盲区时间，有助于交通安全性和驾驶舒适性。尽管如此，HUD 毕竟是采用投影方式，涉及的硬件包括 HUD 系统和风窗玻璃，一旦 HUD 系统出现故障或者风窗玻璃出现损坏破碎，再或者是在强降雨天气下，非常影响视线，反而不利于驾驶人通过 HUD 观察需要的行车信息。长远来看，HUD 在很长一段时间内还是会作为辅助功能与仪表盘共存，能够成为增强智能化座舱科技感和人机交互的新体验。

目前国内汽车液晶仪表生产企业在技术上仍处于追赶阶段。我国汽车液晶仪表市场被外资企业占据主要市场份额，大陆、爱信精机、电装、伟世通、博世、马瑞利等品牌占比较高，国产德赛西威、浙江中科、先旗科技、成都天兴仪表、江苏新通达等企业当前市场影响力较小。

就此现状，部分国内汽车液晶仪表企业正加大投资力度，采取收购科技公司、战略合作等切入方案，在市场上已经与自主品牌汽车主机厂实现配套。尽管如此，我国目前面临严峻的国际贸易形势，高端技术的引进与发展受到国外制裁打压，打破技术壁垒实现自主品牌创新迫在眉睫。技术的竞争归根究底在于人才的竞争，青年学子须拥有报国志，力争为祖国的科技进步做出努力，为人类科技文明做出贡献。

👥 任务分组

学生任务分配表见表 5-2-2。

表 5-2-2　学生任务分配表

班级		组号		指导老师	
组长		学号			
组员角色分配					
信息员		学号			
操作员		学号			
记录员		学号			
安全员		学号			
任务分工					
（就组织讨论、工具准备、数据采集、数据记录、安全监督、成果展示等工作内容进行任务分工）					

📋 工作计划

按照前面所了解的知识内容和小组内部讨论的结果，制定工作方案，落实各项工作负责人，如任务实施前的准备工作、实施中主要操作及协助支持工作、实施过程中相关要点及数据的记录工作等。

工作计划表

步骤	工作内容	负责人
1		
2		
3		
4		
5		
6		
7		
8		

⚖ 进行决策

1）各组派代表阐述资料查询结果。

2）各组就各自的查询结果进行交流，并分享技巧。

3）教师对各组的计划方案进行点评。

4）各组长对组内成员进行任务分工，教师确认分工是否合理。

👷 任务实施

❓ 引导问题 2

扫描二维码观看视频，了解组合仪表端子测量的过程，说说操作的要点。

_____

_____

仪表数据采集（秦 EV）

根据所学新能源汽车组合仪表插接件端子测量标准相关知识，在比亚迪秦 EV 实车上完成组合仪表 G01 端子测量，并完成实训工单的填写。

实训准备			
序号	设备及工具名称	数量	设备及工具是否完好
1	一体化集成工量具	1 套	□是　□否
2	三层工具车	1 辆	□是　□否

（续）

序号	设备及工具名称	数量	设备及工具是否完好	
3	车内四件套	1套	□是	□否
4	车外三件套	1套	□是	□否
5	耐磨手套	若干	□是	□否
6	安全防护套装	1套	□是	□否
7	警示牌	1套	□是	□否
8	灭火器	1套	□是	□否
9	万用表	1套	□是	□否
10	万用接线盒	1套	□是	□否
11	比亚迪秦EV	1辆	□是	□否
质检意见	原因：		□是	□否

仪表数据采集（秦EV）

仪表数据采集（秦EV）			
序号	步骤	记录	完成情况
1	**准备工作** 检查耐磨手套有无破损，如有破损需进行更换 检查万用表外观有无破损，检查红黑表笔外观有无破损，连接万用表红黑表笔并调至电阻档，进行万用表校表 将车辆正确停放至工位，放置车轮挡块		已完成□ 未完成□
2	**仪表数据采集** 根据电路图进行测量 断开低压蓄电池负极并使用绝缘胶带缠绕 拆卸组合仪表总成外饰板 使用十字螺丝刀拆卸组合仪表总成4颗固定螺钉 断开组合仪表总成接插件 取下组合仪表总成 拆除低压蓄电池负极绝缘胶带，安装低压蓄电池负极 车辆上电 万用表调至直流电压档，使用红色背插针连接G01-38号端子，黑表笔接地，测得电压13.6V，正常 使用红色背插针连接G01-39号端子，黑表笔接地，测得电压13.7V，正常 使用红色背插针连接G01-4号端子，黑表笔接地，测得电压2.67V，正常 使用红色背插针连接G01-5号端子，黑表笔接地，测得电压2.32V，正常 使用红色背插针连接G01-22号端子，黑表笔接地，打开右转向灯，测得低压在0~14V变化，正常		已完成□ 未完成□

（续）

序号	步骤	记录	完成情况
2	使用红色背插针连接 G01-33 号端子，黑表笔接地，打开左转向灯，测得电压在 0~14V 变化，正常 　　车辆下电，断开低压蓄电池负极并使用绝缘胶带缠绕 　　万用表调至电阻档，使用红色背插针连接 G01-1 号端子，黑表笔接地，测得对地电阻为 0.2Ω，正常 　　使用红色背插针连接 G01-2 号端子，黑表笔接地，测得对地电阻为 0.2Ω，正常 　　使用红色背插针与黑色背插针分别连接 G01-4/G01-5 端子，测得电阻为 60Ω，正常 　　安装组合仪表，连接组合仪表低压接插件及视频传输线，使用十字螺丝刀依次对角安装组合仪表 4 个固定螺钉，安装组合仪表外板 　　拆除低压蓄电池负极绝缘胶带，安装低压蓄电池负极 　　车辆上电，仪表 OK 灯正常点亮，显示无故障 　　车辆下电，完成仪表数据采集操作		已完成□ 未完成□
3	**实训现场 6S 整理** 规范拆除车内四件套 回收车轮挡块 清点工具，放回原位 进行场地 6S 工作		已完成□ 未完成□
总结提升			已完成□ 未完成□
质检意见	原因：		已完成□ 未完成□

📑 评价反馈

1）各组代表展示汇报 PPT，介绍任务的完成过程。

2）请以小组为单位，对各组的操作过程与操作结果进行自评和互评，并将结果填入综合评价表中的小组评价部分。

3）教师对学生工作过程与工作结果进行评价，并将评价结果填入综合评价表中的教师评价部分。

综合评价表

班级		组别		姓名		学号	
实训任务							
评价项目		**评价标准**				**分值**	**得分**
小组评价	计划决策	制定的工作方案合理可行，小组成员分工明确				10	
	任务实施	能够正确检查并设置实训工位				5	
		能够准备和规范使用工具设备				5	
		能够识别比亚迪秦 EV 组合仪表 G01 各端子连接的部件				20	
		能够正确进行比亚迪秦 EV 组合仪表 G01 各端子信号测量				20	
		能够规范填写任务工单				10	
	任务达成	能按照工作方案操作，按计划完成工作任务				10	
	工作态度	认真严谨，积极主动，安全生产，文明施工				10	
	团队合作	小组组员积极配合、主动交流、协调工作				5	
	6S 管理	完成竣工检验、现场恢复				5	
		小计				100	
教师评价	实训纪律	不出现无故迟到、早退、旷课现象，不违反课堂纪律				10	
	方案实施	严格按照工作方案完成任务实施				20	
	团队协作	任务实施过程互相配合，协作度高				20	
	工作质量	能准确规范完成实训任务				20	
	工作规范	操作规范，三不落地，无意外事故发生				10	
	汇报展示	能准确表达，总结到位，改进措施可行				20	
		小计				100	
综合评分		小组评价分 ×50% ＋教师评价分 ×50%					
总结与反思							

（如：学习过程中遇到什么问题→如何解决的 / 解决不了的原因→心得体会）

新能源汽车电气技术

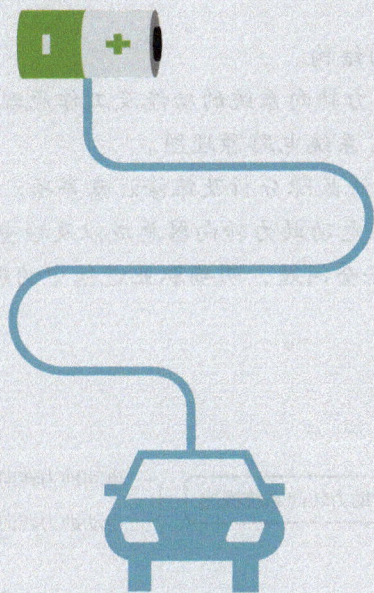

能力模块六
掌握电动助力转向系统
知识及信号测量方法

任务一　了解电动助力转向系统的功能并更换组件

学习目标

- 掌握电动助力转向系统的结构。
- 掌握比亚迪秦 EV 电动助力转向系统的功能及工作原理。
- 掌握比亚迪秦 EV C-EPS 系统电路原理图。
- 掌握比亚迪秦 EV 转向系统故障分析及维修注意事项。
- 能通过维修手册完成更换电动助力转向器总成以及检查标定转向系统等流程。
- 了解实训中可能存在的安全问题，明确职业道德中的敬业精神在实际操作中的重要性。

知识索引

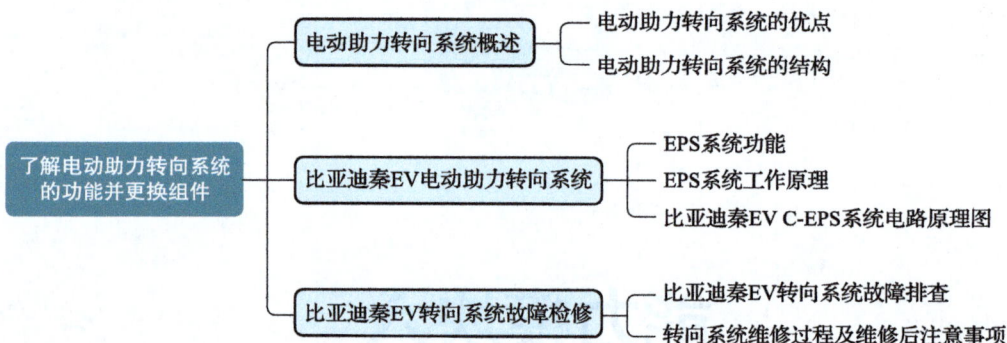

情境导入

　　一辆比亚迪秦 EV 车辆，驾驶人反映在行驶时转向沉重，维修人员初步诊断为电动助力转向电机不工作，请你根据所学内容，完成电动助力转向电机的更换。

获取信息

引导问题 1

请查阅相关资料，简述电动助力转向系统的优点。

_____

_____

_____

引导问题 2

请查阅相关资料，简述电动助力转向系统的结构。

_____

_____

_____

电动助力转向系统概述

一、电动助力转向系统的优点

许多传统车辆都安装了电动助力转向系统。新能源汽车也采用电动助力转向系统（EPS），电动助力转向系统完全是独立于发动机工作的。不过仍有少数混合动力汽车使用电动液压式助力转向系统。电动助力转向系统自 1988 年首次在日本铃木汽车公司的塞尔沃（Cervo）轿车上使用以来，各大汽车公司都竞相推出自己的 EPS。与传统的助力转向系统相比，电动助力转向系统（EPS）有以下优点：

（1）助力性能好　EPS 能够在汽车处于任何工况下为其提供最佳助力，改善汽车的转向特性，并通过减轻汽车低速行驶的转向操纵力和提高高速行驶的转向稳定性来提高汽车的主动安全性。

（2）布置简单　EPS 与液压助力转向系统（HPS）相比省去了液压助力转向系统许多必需的部件，如动力转向油泵、液压油、软管、传送带和装于发动机上的带轮等，相比于 HPS，整个 EPS 系统零部件数目少，且 EPS 的主要部件均可以组合在一起，易于装配安装，使汽车的布置变得更加简单。

（3）回正特性好　EPS 系统中的内部阻力较小，回正性好，因此可以使汽车拥有最佳的转向回正特性，从而改善汽车的操纵稳定性。

（4）效率高且耗能少　EPS 系统是机械和电机直接相连的一种系统，整个系统的效率高，且 EPS 系统不是随时随刻都在供能，仅在需要的时候才供能，因此燃油消耗率相较于 HPS 系统更小。

（5）能够独立于发动机工作　EPS 系统由电池供能，电机提供动力，因此只要在电池电量充足的条件下便可以正常工作，而与发动机的工作状况无关。

（6）节能环保　EPS 完全由电机提供动力，抛弃了转向泵，因此没有渗油问题，极大地降低了对环境的污染，更加环保。

（7）适用范围广　EPS 能够在不改变系统结构的前提下，通过改变系统的控制策略以及编程来改变整个系统的性能，从而能够满足不同型号汽车的要求，适用范围更广。

二、电动助力转向系统的结构

电动助力转向系统（EPS）是根据汽车的车速和转向参数等相关数据，由电子控制单元（ECU）控制完成改变或保持汽车行驶方向的装置。电动助力转向系统一般包括转向盘、转向管柱、万向节、力矩传感器、车速传感器、转向器、电机、减速器、电子控制单元等。图 6-1-1 所示为比亚迪电动汽车转向系统结构。

图 6-1-1　比亚迪电动汽车转向系统结构

（1）转向盘　用于操作汽车行驶方向的装置，通过转向机构控制汽车行驶。

（2）转向管柱　用来传递转向盘传来的力矩和保护驾驶人行驶安全的装置。

（3）万向节　即万向接头，是实现变角度动力传递的装置。

（4）力矩传感器　是检测扭转力矩的元件，可以将扭力的物理变化转变成精确的电信号。

（5）车速传感器　通常被安装在变速器上，用于收集汽车车速的变化情况。车速传感器将收集到的信息转化成相应的电信号后传入 ECU 中进行分析和处理，随后才向相应的运动部件发出相关的工作指令。

（6）转向器　用来增大转向盘传到转向传动机构的力和改变力的传递方向的装置。

（7）电机　是汽车转向助力系统中提供助力的主要部件，它产生旋转力矩，通过变速装置将旋转力矩转变成轴向运动，以改变左右轮的位置，实现整个车身的转向运动。当前在汽车中多为无刷直流电机。

（8）减速器　减速器的作用是当车辆行驶过程中出现路况变化或紧急情况时，能够将车速快速地降下来。减速器的主要工作原理是将扭杆上的转速降低，当前汽车中用得较多的是齿轮减速器，这种减速器可以使其齿轮和扭杆接触，增大二者之间的摩擦力，使得扭杆的转速降低，如此一来就达到了减速的效果。

（9）电子控制单元　电子控制单元（ECU）是整个 EPS 系统的控制中心，它收集车辆行驶过程中的信息，随后利用特定的程序进行处理，再给相应的部件下达工作指令。ECU 不仅对车辆的运动情况进行监控，还会对自身的工作情况进行监控，一旦发现系统出现异常，还能启动自我保护功能，将自身的控制电流切断，使驾驶人通过自主判断进行转向，保证车辆的稳定性和安全性。

❓ **引导问题 3**

请查阅相关资料，简述比亚迪秦 EV 电动助力转向系统的功能。

_____

_____

_____

❓ **引导问题 4**

请查阅相关资料，简述比亚迪秦 EV EPS 系统的工作原理。

_____

_____

_____

比亚迪秦 EV 电动助力转向系统

一、EPS 系统功能

1. 助力控制功能

EPS 的助力特性属于车速感应型，即在同一转向盘力矩输入下，电机的目标电流随车速的变化而变化，能较好地兼顾轻便性与路感的要求。EPS 的助力特性采用分段型助力特性。EPS 电机根据转向盘偏离方向施加助力转矩。以保证低速时转向轻便、高速时操作稳定并获得较好的路感。

2. 回正控制功能

转向时，由于转向轮主销后倾角和主销内倾角的存在，使得转向轮具有自动回正的作用。EPS 系统在机械转向机构的基础上，增加了 EPS 电机和减速机构。EPS 系统通过 EPS 电子控制单元对 EPS 电机进行转向回正控制，与前轮定位产生的回正力矩一起进行车辆的转向回正动作，使转向盘迅速回正，抑制转向盘振荡，保持路感，提高转向灵敏性和稳定性，优化转向回正特性，缩短了收敛时间。回正控制通过调整回正补偿电流，进而产生回正作用转矩，该转矩沿某一方向使转向轮返回到中间位置。

3. 阻尼控制功能

车辆高速行驶时，EPS 通过控制阻尼补偿电流进行阻尼控制，增强驾驶人路感，改善车辆高速行驶情况下转向的稳定性。

二、EPS 系统工作原理

汽车转向时，力矩及转角传感器把检测到的力矩及角度信号的大小、方向经处理后传给 EPS 电子控制单元，EPS 电子控制单元同时接收车速传感器检测到的车速信号，然后根据车速传感器、力矩及转角传感器的信号决定电机的旋转方向和助力转矩的大小。同时电流传感器检测电路中的电流，对驱动电路实施监控，最后由驱动电路驱动电机工作，实现助力转向。EPS 系统工作原理如图 6-1-2 所示。

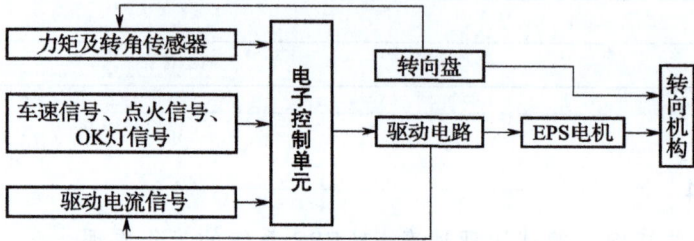

图 6-1-2　EPS 系统工作原理

三、比亚迪秦 EV C-EPS 系统电路原理图

根据助力电机在转向系统中的安装位置，EPS 可分为三类：转向柱助力型（Column EPS，C-EPS）、小齿轮助力型（Pinion EPS，P-EPS）、齿条助力型（Rack EPS，R-EPS）。

其中，C-EPS 与 P-EPS、R-EPS 相比，由于驾驶人和电机助力的转矩同时通过转向器的小齿轮齿条传递，考虑到齿的刚度和强度，助力转矩值不能太大，多用于小型汽车；而 P-EPS 和 R-EPS 成本相对较高，多用于中高级车辆。比亚迪秦 EV 采用的是 C-EPS 系统，电气控制原理如图 6-1-3 所示。

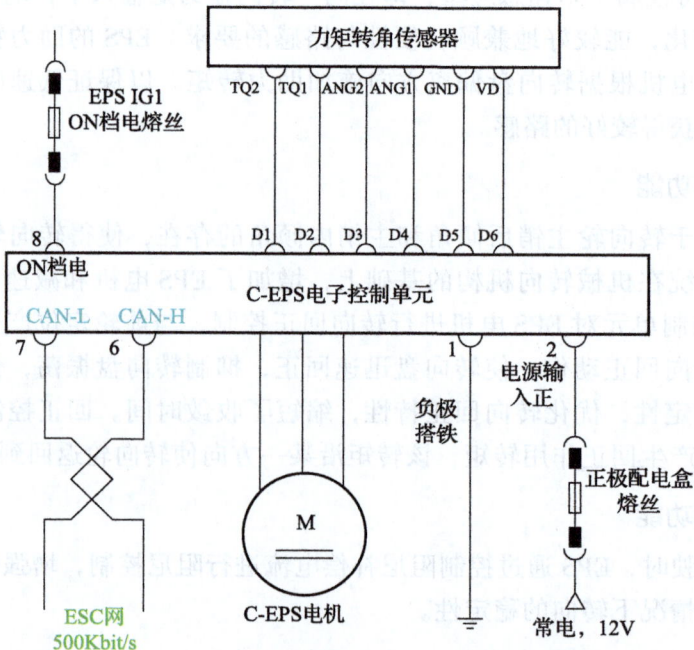

图 6-1-3　C-EPS 系统电气控制原理图

　　结合 C-EPS 系统电气原理图，检修时需要找到对应的控制端子，图 6-1-4 所示是 C-EPS 线束端插接件引脚，对应引脚定义见表 6-1-1、表 6-1-2。

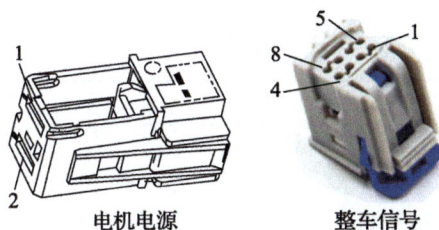

电机电源　　　　　　整车信号

图 6-1-4　C-EPS 线束端插接件引脚（测试端视图）

表 6-1-1　C-EPS 电机电源端引脚定义

电机电源								
引脚号	端口名称	端口定义	线束接法	信号类型	稳态工作电流/A	冲击电流、冲击时间、堵转电流、堵转时间（电机需提供波形）/A	电源性质（比如：常电）	备注（可否共用熔丝等）
1	电源	电机电源负极	接车身地	动力电源	40~50	85	常电	接地
2	电源	电机电源正极	接蓄电池正极	动力电源	40~50	85	常电	否

表 6-1-2　C-EPS 整车信号端引脚定义

整车信号								
引脚号	端口名称	端口定义	线束接法	信号类型	稳态工作电流/mA	冲击电流、冲击时间、堵转电流、堵转时间（电机需提供波形）/A	电源性质（比如：常电）	备注（可否共用熔丝等）
1	NC	悬空	—	—	—	—		板端无引脚
2、3	NC	悬空	—	—	—	—		
4、5	NC	悬空	—	—	—	—		板端无引脚
6	CAN 信号	CAN-H	接 ESC 网	CAN 信号	70	—		
7	CAN 信号	CAN-L	接 ESC 网	CAN 信号	70	—		
8	电源	IG1	接整车 ON 档电	单片机电源	30	—	IG1 电源	否

❓ **引导问题 5**

请查阅相关资料，简述比亚迪秦 EV 出现转向沉重故障的原因。

_____

_____

_____

❓ **引导问题 6**

请查阅相关资料，简述比亚迪秦 EV SRS 操作注意事项。

_____

_____

_____

比亚迪秦 EV 转向系统故障检修

一、比亚迪秦 EV 转向系统故障排查

在进行转向系统的故障排查时，根据车辆表现出来的症状，需要一一进行故障原因分析。表 6-1-3 为转向系统故障排查表。确定故障类型后，进行故障分析和排查，具体的故障分析和排查方法，见表 6-1-4。

表 6-1-3　转向系统故障排查表

症状	可能原因	症状	可能原因
转向沉重	①轮胎（充气不当） ②前轮定位（不正确） ③转向节（磨损） ④转向器总成（有故障） ⑤电动助力转向管柱总成（有故障）	游隙过大	①转向节（磨损） ②中间轴、滑动节叉（磨损） ③转向器（有故障）
回位不足	①轮胎（充气不当） ②前轮定位（不正确） ③转向管柱总成（弯曲） ④电动助力转向管柱总成（有故障）	异常噪声	①减速机构（磨损） ②转向节（磨损） ③电动助力转向管柱总成（有故障）
		转向盘抖动	①电动助力转向管柱总成（有故障） ②转向器总成（有故障）

表 6-1-4　转向系统故障码故障排除方法

DTC NO.	故障类型	故障分析	故障排除流程
C1B9D22	电源电压过高	C-EPS 供电异常、C-EPS 电子控制单元内部故障	测试 C-EPS 电源电压是否异常（正常情况下电源插接件的正极引脚与地之间电压应处于 9~16V 之间，负极引脚与地之间导通） 是：检查供电系统 否：C-EPS 控制单元故障，更换转向管柱总成

（续）

DTC NO.	故障类型	故障分析	故障排除流程
C1B9D21	电源电压过低	C-EPS供电异常、C-EPS电子控制单元内部故障	测试C-EPS电源电压是否异常（正常情况下电源插接件的正极引脚与地之间电压应处于9~16V之间，负极引脚与地之间导通） 是：检查供电系统 否：C-EPS控制单元故障，更换转向管柱总成
C1B9C23	主/辅/力矩信号一直为低电平	力矩传感器线束故障、C-EPS电子控制单元内部故障	检查力矩传感器线束是否异常 是：修复线束异常 否：C-EPS控制单元故障，更换转向管柱总成
C1B9C24	主/辅/力矩信号一直为高电平	力矩传感器线束故障、C-EPS电子控制单元内部故障	检查力矩传感器线束是否异常 是：修复线束异常 否：C-EPS控制单元故障，更换转向管柱总成
U016002	主/辅/主+辅力矩信号占空比异常	力矩传感器线束故障、C-EPS电子控制单元内部故障	检查力矩传感器线束是否异常 是：修复线束异常 否：C-EPS控制单元故障，更换转向管柱总成
U015A38	主/辅/力矩信号周期异常	力矩传感器线束故障、C-EPS电子控制单元内部故障	检查力矩传感器线束是否异常 是：修复线束异常 否：C-EPS控制单元故障，更换转向管柱总成
C1BA023	主角度/辅角度信号电平持续为低	角度传感器线束故障、C-EPS电子控制单元内部故障	检查角度传感器线束是否异常 是：修复线束异常 否：C-EPS控制单元故障，更换转向管柱总成
C1BA024	主角度/辅角度信号电平持续为高	角度传感器线束故障、C-EPS电子控制单元内部故障	检查角度传感器线束是否异常 是：修复线束异常 否：C-EPS控制单元故障，更换转向管柱总成
U015B02	主角度/辅角度信号占空比异常	角度传感器线束故障、C-EPS电子控制单元内部故障	检查角度传感器线束是否异常 是：修复线束异常 否：C-EPS控制单元故障，更换转向管柱总成
U015C38	主角度/辅角度信号周期异常	角度传感器线束故障、C-EPS电子控制单元内部故障	检查角度传感器线束是否异常 是：修复线束异常 否：C-EPS控制单元故障，更换转向管柱总成
U015D86	角度信号不可用	未成功学习到中位、C-EPS电子控制单元内部故障	对车辆按照要求标定转向（具体操作见EPS标定操作规范），成功标定后，清除故障码，重新上电后检查故障是否仍然存在 是：C-EPS控制单元故障，更换转向管柱总成 否：学习中位成功

（续）

DTC NO.	故障类型	故障分析	故障排除流程
C1BA500	ECU 运算错误	C-EPS 电子控制单元内部故障	重新上下电故障是否可清除（历史故障） 是：故障恢复 否：C-EPS 控制单元故障，更换转向管柱总成
C1BA600	ECU 过温故障	ECU 内部温度过高、C-EPS 电子控制单元内部故障	1. 读取 EPS 模块数据流中的系统温度和 ECU 温度，温度是否超过 90℃ 是：2；　否：3 2. 停车等待温度降低后，查看助力是否恢复正常，故障码是否可以成功清除（历史故障） 是：系统保护策略；　否：3 3.C-EPS 控制单元故障，更换转向管柱总成
C1BA700	ECU ROM 和校验失败	C-EPS 电子控制单元内部故障	重新上下电故障是否可清除（历史故障） 是：故障恢复 否：C-EPS 控制单元故障
C1B6044	ECU RAM 故障	C-EPS 电子控制单元内部故障	重新上下电故障是否可清除（历史故障） 是：故障恢复 否：C-EPS 控制单元故障，更换转向管柱总成
C1BA900	力矩传感器供电电压异常	插接件未接好、力矩传感器线束连接异常、力矩传感器故障	1. 插接件连接是否异常（松动、脱落等）。 是：插好插接件；　否：2 2. 检查力矩传感器线束是否异常（开路、短路等） 是：修复线束；　否：3 3. 重新上下电故障是否可清除（历史故障） 是：故障恢复；　否：4 4.C-EPS 控制单元故障，更换转向管柱总成
C1BAA00	电机驱动电路失效	C-EPS 电子控制单元内部故障	重新上下电故障是否可清除（历史故障） 是：故障恢复 否：C-EPS 控制单元故障，更换转向管柱总成
C1BAB21	温度检测电路输出电压过低	C-EPS 电子控制单元内部故障	重新上下电故障是否可清除（历史故障） 是：故障恢复 否：C-EPS 控制单元故障，更换转向管柱总成
C1BAB22	温度检测电路输出电压过高	C-EPS 电子控制单元内部故障	重新上下电故障是否可清除（历史故障） 是：故障恢复 否：C-EPS 控制单元故障，更换转向管柱总成

（续）

DTC NO.	故障类型	故障分析	故障排除流程
U015E31	电机转子位置信号故障	C-EPS 电子控制单元内部故障	重新上下电故障是否可清除（历史故障） 是：故障恢复 否：C-EPS 控制单元故障，更换转向管柱总成
C1BAE00	ECU 不执行角度标定指令	转角未标定、C-EPS 电子控制单元内部故障	需要用诊断设备，对车辆按照要求标定转向（具体操作见 EPS 标定操作规范），成功标定后，清除故障码，重新上电后检查故障是否仍然存在 是：C-EPS 控制单元故障，更换转向管柱总成 否：标定成功
U015700	CAN 通信关闭	车载网络故障、C-EPS 电子控制单元内部故障	检查车载网络是否异常 是：检修车载网络 否：C-EPS 控制单元故障，更换转向管柱总成
U015F86	接收到的 ESP 信号不可用	ESP 系统故障、C-EPS 电子控制单元内部故障	ESP 系统是否异常 是：检查 ESP 系统 否：C-EPS 控制单元故障，更换转向管柱总成
U015887	与 ESP 丢失通信	ESP 系统故障、C-EPS 电子控制单元内部故障	ESP 系统是否异常 是：检查 ESP 系统 否：C-EPS 控制单元故障，更换转向管柱总成
C1BB200	ESP 车速数据错误	ESP 系统故障、C-EPS 电子控制单元内部故障	ESP 系统是否异常 是：检查 ESP 系统 否：C-EPS 控制单元故障，更换转向管柱总成
U015987	与 VTOG 丢失通信	VTOG 系统故障、C-EPS 电子控制单元内部故障	检查 VTOG 系统是否异常 是：检查 VTOG 系统 否：C-EPS 控制单元故障，更换转向管柱总成
C1B9000	供电丢失	电源线束连接异常、蓄电池电压异常、C-EPS 电子控制单元内部故障	1. 检查电源线束连接是否有异常（插接件松动或脱落，线束开路或短路等） 是：修复线束连接问题；　否：2 2. 检查蓄电池电压是否异常（小于 6V）。 是：修复蓄电池异常

二、转向系统维修过程及维修后注意事项

1. SRS 操作注意事项

比亚迪秦 EV 配备有安全气囊（SRS），包括前排双安全气囊、侧安全气囊和侧安全气帘。如果不按正确的次序操作，可能会引起安全气囊在维修过程中意外打开，并导致严重的事故。故维修（包括零件的拆卸或安装、检查或更换）之前，一定要阅读

安全气囊系统的注意事项。

2. 拆卸或重新安装电动助力转向管柱总成注意事项

1）避免撞击电动助力转向管柱总成，特别是传感器、EPS 电子控制单元、EPS 电机和减速机构。如果电动助力转向管柱总成跌落或遭受严重冲击，需要更换一个新的电动助力转向管柱总成。

2）移动电动助力转向管柱总成时，请勿拉拽线束。

3）在从转向器上断开转向管柱或者中间轴之前，车轮应该保持在正前方向，车辆处于断电状态，否则，会导致转向管柱上的螺旋弹簧偏离中心位置，从而损坏螺旋弹簧。

4）断开转向管柱或者中间轴之前，车辆应处于断电状态。断开上述部件后，不要移动车轮。不遵循这些程序会使某些部件在安装过程中定位不准。

5）转向盘打到极限位置的持续时间不要超过 5s，否则可能损坏助力电机。

3. 转向盘转角信号标定

比亚迪秦 EV 电动助力转向系统带有主动回正控制功能及遥控驾驶功能，转向系统（包括电动助力转向管柱总成、中间轴总成、机械转向器总成、EPS 电子控制单元总成等）中任一零部件经过拆换后，需重新进行车辆四轮定位，并标定转角信号，同时标定 ESP 转角信号。标定转角以后，车辆重新上 ON 档电源，清除残留故障码。

注意：转角信号标定前，禁止进行遥控驾驶操作，否则可能会引起严重损坏故障；用诊断仪进行标定操作时，手应离开转向盘，转向盘不能受外力的影响，否则可能会引起严重损坏故障。转向盘转角信号标定流程如图 6-1-5 所示。

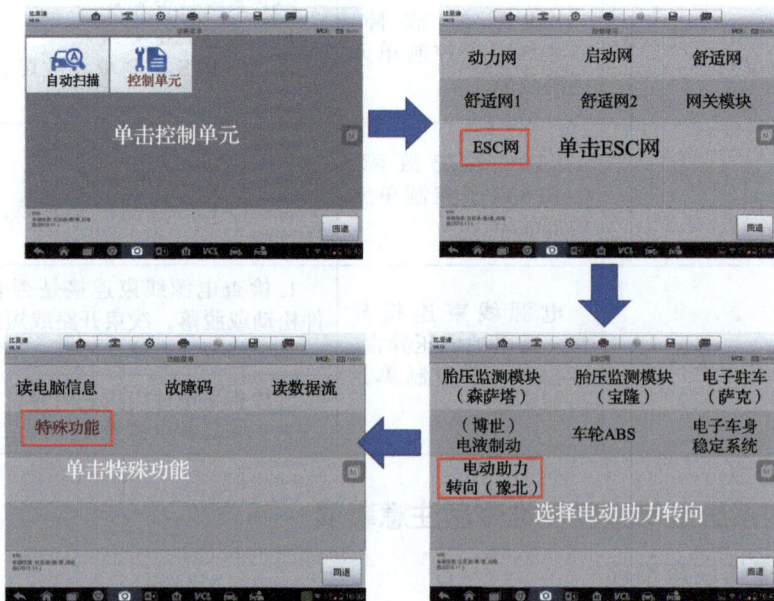

图 6-1-5　转向盘转角信号标定流程

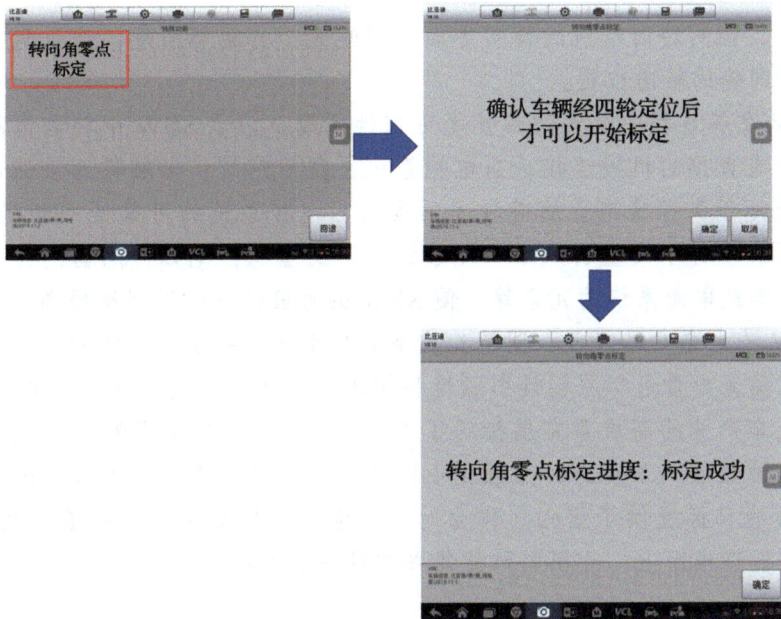

图 6-1-5　转向盘转角信号标定流程（续）

📖 拓展阅读

　　汽车转向系统经历了机械转向系统、液压助力转向（HPS）系统、电液助力转向（EHPS）系统、电动助力转向（EPS）系统、线控转向系统（Steer By Wire，SBW）等几个阶段。

　　SBW 去掉了转向盘和转向轮之间的机械连接，具有操纵性能、稳定性能更优的特点，且作为主动转向干预的一种方式，得到汽车厂商和研究机构的极大重视，是当前转向系统的研究热点之一。

　　线控转向系统分为三个部分：转向盘系统、电子控制系统、转向系统。

　　第一部分是转向盘系统，包括转向盘、转矩传感器、转向角传感器、转矩反馈电机和机械传动装置；第二部分是电子控制系统，包括车速传感器，也可以增加横摆角速度传感器、加速度传感器和电子控制单元，以提高车辆的操纵稳定性；第三部分是转向系统，包括直线位移传感器、角位移传感器、转向电机、齿轮齿条转向机构和其他机械转向装置等。

　　当转向盘转动时，转矩传感器和转向角传感器将测量到的驾驶人转矩和转向盘的转角转变成电信号输入电子控制器（ECU），ECU 是整个 SBW 系统的"大脑"，起着控制整个系统的作用。ECU 依据车速传感器和安装在转向传动机构上的位移传感器的信号来控制转矩反馈电机的旋转方向，并根据转向力模拟生成

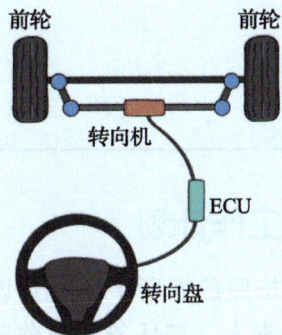

反馈转矩，控制转向电机的旋转方向、转矩大小和旋转角度，通过机械转向装置控制转向轮的转向位置。

　　SBW 发展过程中最大的困扰是可靠性问题。由于 SBW 中转向盘和转向车轮之间没有直接的机械连接，当电控系统出现故障时，车辆将无法保证转向功能，甚至处于失控状态。随着技术的发展，电控系统的可靠性不断得到提高，而且在系统设计中大量引入了"冗余设计"的理念，比如传感器的冗余、电机的冗余、车载电源系统的冗余等，使 SBW 的可靠性得到了明显提高。

　　SBW 技术要发展完善，创新和攻坚克难精神缺一不可。党的二十大报告中强调的"集聚力量进行原创性引领性科技攻关，坚决打赢关键核心技术攻坚战"为中国汽车产业的高质量发展指明了方向，也为中国新能源汽车的战略性新兴产业领军地位注入了动力，为强化中国汽车产业链韧性以及加快中国实现世界汽车强国的目标提供了信心。作为时代弄潮儿，应抓住时代机遇，敢于创新，克服困难，迎难而上，为祖国科技复兴贡献一份力量。

👥 任务分组

学生任务分配表见表 6-1-5。

表 6-1-5　学生任务分配表

班级		组号		指导老师	
组长		学号			
组员角色分配					
信息员		学号			
操作员		学号			
记录员		学号			
安全员		学号			
任务分工					

（就组织讨论、工具准备、数据采集、数据记录、安全监督、成果展示等工作内容进行任务分工）

📋 工作计划

　　按照前面所了解的知识内容和小组内部讨论的结果，制定工作方案，落实各项工作负责人，如任务实施前的准备工作、实施中主要操作及协助支持工作、实施过程中相关要点及数据的记录工作等。

工作计划表

步骤	工作内容	负责人
1		
2		
3		
4		
5		
6		
7		
8		

进行决策

1）各组派代表阐述资料查询结果。

2）各组就各自的查询结果进行交流，并分享技巧。

3）教师对各组的计划方案进行点评。

4）各组长对组内成员进行任务分工，教师确认分工是否合理。

任务实施

引导问题 7

扫描二维码观看视频，了解比亚迪秦 EV 转向操纵机构的检查步骤，说说操作的要点。

转向操纵机构的
检查（秦 EV）

_____

_____

根据所学新能源汽车电动助力转向系统的相关知识，在比亚迪秦 EV 实车上完成转向操纵机构的检查，并完成实训工单的填写。

实训准备			
序号	设备及工具名称	数量	设备及工具是否完好
1	一体化集成工量具	1 套	□是　□否
2	三层工具车	1 辆	□是　□否
3	车内四件套	1 套	□是　□否
4	车外三件套	1 套	□是　□否
5	耐磨手套	若干	□是　□否
6	安全防护套装	1 套	□是　□否

（续）

序号	设备及工具名称	数量	设备及工具是否完好
7	警示牌	1 套	□是　□否
8	灭火器	1 套	□是　□否
9	比亚迪秦 EV	1 辆	□是　□否
质检意见	原因：		□是　□否

转向操纵机构的检查（秦 EV）

序号	步骤	记录	完成情况
	转向操纵机构的检查（秦 EV）		
1	**准备工作** 检查耐磨手套有无破损，如有破损需进行更换 将车辆正确停放至工位，放置车轮挡块 规范铺设车内四件套 进入车内，踩下制动踏板，按下起动开关，降下驾驶位车窗，确认车辆状态，车辆下电		已完成□ 未完成□
2	**转向操纵机构的检查** 检查转向盘外观有无破损，如有破损则需选择维修或者更换 双手摇晃转向盘，检查转向管柱与转向盘、转向器的花键连接是否有松动或磨损 检查转向管柱角度调整手柄，松开锁止手柄，检查转向管柱是否可以正常调整角度，如不能调整则需进行维修或更换 使用 10 号套筒与棘轮扳手拆卸主驾驶室内饰板固定螺母 使用内饰拆卸工具拆卸主驾驶室左前车门门框饰板条 取出主驾驶室左下饰板 使用内饰拆卸工具拆卸主驾驶仪表左侧内饰板 拆卸主驾驶仪表下方内饰板 使用内饰板拆卸工具拆卸组合开关上护板 使用十字螺丝刀拆卸组合开关下护板三颗固定螺栓，拆下组合开关下护板 检查转向传动轴万向节有无松动、磨损，如有松动、磨损情况则需更换 检查转向管柱有无破损 安装组合开关下护罩，安装并紧固三颗护罩固定螺栓 安装组合开关上护罩 安装主驾驶仪表下方内饰板 安装主驾驶仪表左侧内饰板 安装主驾驶室左下饰板 安装主驾驶室左前车门门框饰板条 使用 10 号套筒与小号棘轮扳手安装主驾驶室内饰板固定螺母		已完成□ 未完成□

（续）

序号	步骤	记录	完成情况
2	车辆上电，确认检查完好 车辆下电，完成转向操纵机构的检查		已完成□ 未完成□
3	**实训现场 6S 整理** 规范拆除车内四件套 回收车轮挡块 清点工具，放回原位 进行场地 6S 工作		已完成□ 未完成□
总结 提升			已完成□ 未完成□
质检 意见	原因：		已完成□ 未完成□

评价反馈

1）各组代表展示汇报 PPT，介绍任务的完成过程。

2）请以小组为单位，对各组的操作过程与操作结果进行自评和互评，并将结果填入综合评价表中的小组评价部分。

3）教师对学生工作过程与工作结果进行评价，并将评价结果填入综合评价表中的教师评价部分。

综合评价表

班级		组别		姓名		学号	
实训任务							
评价项目			评价标准			分值	得分
小组评价	计划决策		制定的工作方案合理可行，小组成员分工明确			10	
	任务实施		能够正确检查并设置实训工位			5	
			能够准备和规范使用工具设备			5	
			能够正确完成比亚迪秦 EV 转向管柱的检查			20	
			能够正确进行比亚迪秦 EV 转向传动轴万向节的检查			20	
			能够规范填写任务工单			10	
	任务达成		能按照工作方案操作，按计划完成工作任务			10	
	工作态度		认真严谨，积极主动，安全生产，文明施工			10	
	团队合作		小组组员积极配合、主动交流、协调工作			5	
	6S 管理		完成竣工检验、现场恢复			5	
			小计			100	

（续）

评价项目		评价标准	分值	得分
教师评价	实训纪律	不出现无故迟到、早退、旷课现象，不违反课堂纪律	10	
	方案实施	严格按照工作方案完成任务实施	20	
	团队协作	任务实施过程互相配合，协作度高	20	
	工作质量	能准确规范完成实训任务	20	
	工作规范	操作规范，三不落地，无意外事故发生	10	
	汇报展示	能准确表达，总结到位，改进措施可行	20	
		小计	100	
综合评分		小组评价分 × 50% + 教师评价分 × 50%		

总结与反思

（如：学习过程中遇到什么问题→如何解决的 / 解决不了的原因→心得体会）

任务二

测量电动助力转向系统的信号

学习目标

- 理解电动助力转向系统基本参数。
- 掌握比亚迪秦 EV 电动助力转向系统的工作原理。
- 能通过维修手册查找到电动助力转向系统的端子。
- 会根据维修手册的指引进行电动助力转向系统信号的测量，并给出维修结论。
- 了解实训中可能存在的安全问题，明确职业道德中的敬业精神在实际操作中的重要性。

知识索引

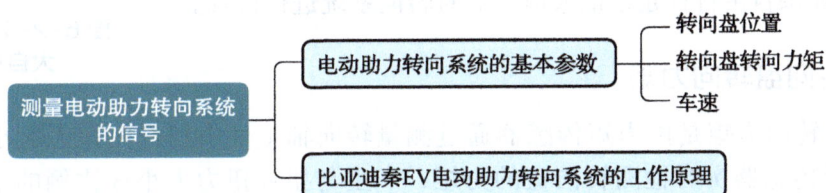

情境导入

　　要想进行新能源车辆电动助力转向系统的信号测量，首先需要知道其工作原理和各个信号的控制逻辑。通过本任务的学习，你能够理解车辆电动助力转向系统各个信号的控制逻辑，并能进行信号测量和做出维修结论。

获取信息

引导问题 1

　　请查阅相关资料，简述电动助力转向系统的基本参数。

_____

_____

_____

电动助力转向系统的基本参数

电动助力转向系统至少需要三个输入参数：转向盘的位置，转向盘转向力矩和车速。电动助力转向系统都有专用的 ECU 来控制该系统中的电机。作为车辆稳定性控制系统的一部分，电动助力转向 ECU 会与其他 ECU 保持通信，相互作用。

一、转向盘位置

转向盘的位置由滑动电位器、霍尔式传感器或旋转变压器来确定。如果车辆有泊车辅助功能（停车时，自动操控车辆的转向盘摆正，不需要驾驶人操作），EPS 系统通常会安装一个旋转变压器，因为相比电位计或霍尔式传感器而言，旋转变压器能够更准确地报告转向盘的位置。

因为车辆前轮不转动时不需要辅助系统工作，大多数电动助力转向系统必须进行校准，以识别转向盘的"零点位置"或标准值。如果车辆的电动转向装置在车轮转向的同时也在进行校准，则车辆可能被拉至一边。

停车且轮胎朝向正前方；向左或向右轻轻转动转向盘，检查转向盘的自由行程。如图 6-2-1 所示，转向盘最大自由行程不大于 30mm。如果自由行程超过最大值，需对转向系统进行检查。

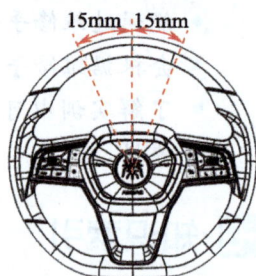

图 6-2-1　转向盘最大自由行程

二、转向盘转向力矩

转向盘转向力矩是由力矩传感器通过测量转向轴组件中扭杆的扭力大小而计算得出的。力矩传感器实时检测转向盘的力矩，产生与扭杆扭力大小成比例的电信号。该信号被电动助力转向 ECU 采用，与其他相关参数一起进行运算，ECU 做出判断输出信号控制电机提供助力。作为电动助力转向系统的重要组成元素，力矩传感器的精度起到关键作用。力矩传感器通常分为接触式和非接触式传感器两种。接触式传感器采用点位测量原理，输出信号分为主力矩和副力矩，其差值有利于消除外部干扰。非接触式传感器是未来发展方向，工作原理分为磁性测量原理和光学测量原理。

三、车速

车速大小通常由霍尔效应式车速传感器监测，传感器把检测到的车速信号传给 ECU，作为判断输出助力力矩大小的重要依据。霍尔式传感器是一种基于霍尔效应的磁电传感器，它输出脉冲信号，具有抗干扰能力强、输出信号幅值不受转速影响、能耗小、适用温度范围广等优点。

> ❓ 引导问题 2
>
> 　　请查阅相关资料，简述比亚迪秦 EV 电动助力转向系统的工作原理。
> _____
> _____

比亚迪秦 EV 电动助力转向系统的工作原理

汽车转向时，力矩及转角传感器把检测到的力矩及角度信号的大小、方向经处理后传给 EPS 电子控制单元，EPS 电子控制单元同时接收车速传感器检测到的车速信号，然后根据车速传感器和力矩及转角传感器的信号决定电机的旋转方向和助力力矩的大小。同时电流传感器检测电路的电流，对驱动电路实施监控，最后由驱动电路驱动电机工作，实施助力转向。其工作原理如图 6-2-2 所示。

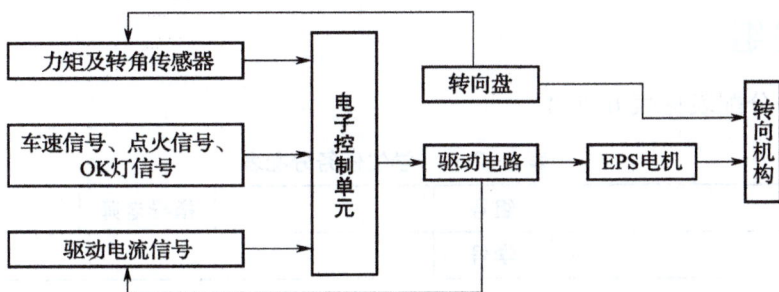

图 6-2-2　比亚迪秦 EV 电动助力转向系统的工作原理

📖 拓展阅读

2022 年 12 月 12 日中国汽车系统股份公司（纳斯达克：CAAS），一家在中国处于领先地位的汽车动力转向系统及零部件供应商，宣布其已为中国最大的电动汽车生产商比亚迪汽车推出了一系列新型电动助力转向系统（EPS）。

经过 18 个月的准备，双方研发团队密切合作，CAAS 赢得了比亚迪全系产品的 C-EPS、DP-EPS 和 R-EPS 开发合同。作为比亚迪的首家 DP-EPS 供应商，CAAS 的研发工程师，应用计算机辅助设计（CAD）和 AI 技术的敏捷开发模式，仅用了五个月时间便成功实现 DP-EPS 在比亚迪唐车型底盘总成上的集成。得益于低的噪声、振动与声振粗糙度（NVH）方案和驾驶体验方面的卓越性能，DP-EPS 现已正式取代高成本的 R-EPS，助推了比亚迪唐、汉等高端车型的热销。该款 DP-EPS 现已投入量产，年产量约达 30 万台套，预计公司的 DP-EPS、R-EPS 和 C-EPS 将广泛运用于所有比亚迪王朝系列（唐、汉、宋Pro 及宋 PLUS 车型）、海洋生物系列（海豹车型）、海洋舰艇系列（护卫舰车型）和腾势系列车型。

CAAS 首席执行官吴其洲先生称："作为战略核心供应商，我们将持续为比亚迪提供转向系统设计，为比亚迪在快速扩张的电动汽车市场中的技术进步助力。与比亚迪合作，我们的工程设计团队会抓住每一个创造新纪录、提升新产品设计标杆的机会，展现 CAAS 的最佳实力。现在，接力棒已经传给我们一流的生产团队，去不断满足客户的高期望并向终端市场提供优质产品。"

围绕不断推进和拓展中国式现代化，党的二十大报告指出"必须坚持科技是第一生产力、人才是第一资源、创新是第一动力，深入实施科教兴国战略、人才强国战略、创新驱动发展战略，开辟发展新领域新赛道，不断塑造发展新动能新优势""坚持创新在我国现代化建设全局中的核心地位"。在新时代新征程全面建设社会主义现代化国家征程中，坚持以高质量发展统揽全局，让创新成为第一动力、协调成为内生特点、绿色成为普遍形态、开放成为必由之路、共享成为根本目的，努力实现更高质量、更有效率、更加公平、更可持续、更为安全的发展。

👥 任务分组

学生任务分配表见表 6-2-1。

表 6-2-1　学生任务分配表

班级		组号		指导老师	
组长		学号			
组员角色分配					
信息员		学号			
操作员		学号			
记录员		学号			
安全员		学号			
任务分工					

（就组织讨论、工具准备、数据采集、数据记录、安全监督、成果展示等工作内容进行任务分工）

📋 工作计划

按照前面所了解的知识内容和小组内部讨论的结果，制定工作方案，落实各项工作负责人，如任务实施前的准备工作、实施中主要操作及协助支持工作、实施过程中相关要点及数据的记录工作等。

工作计划表

步骤	工作内容	负责人
1		
2		
3		
4		

（续）

步骤	工作内容	负责人
5		
6		
7		
8		

进行决策

1）各组派代表阐述资料查询结果。

2）各组就各自的查询结果进行交流，并分享技巧。

3）教师对各组的计划方案进行点评。

4）各组长对组内成员进行任务分工，教师确认分工是否合理。

任务实施

引导问题 3

　　扫描二维码观看视频，了解测量比亚迪秦 EV 电动助力转向系统信号的操作过程，说说操作的要点。

_____

_____

电动助力转向系统的
信号测量（秦 EV）

　　根据所学新能源汽车电动助力转向系统的相关知识，在比亚迪秦 EV 实车上完成电动助力转向系统的信号测量，并完成实训工单的填写。

实训准备			
序号	设备及工具名称	数量	设备及工具是否完好
1	一体化集成工量具	1 套	□是　□否
2	三层工具车	1 辆	□是　□否
3	车内四件套	1 套	□是　□否
4	车外三件套	1 套	□是　□否
5	安全防护套装	1 套	□是　□否
6	警示牌	1 套	□是　□否
7	灭火器	1 套	□是　□否
8	耐磨手套	若干	□是　□否
9	万用表	1 套	□是　□否
10	万用接线盒	1 套	□是　□否

（续）

序号	设备及工具名称	数量	设备及工具是否完好
11	比亚迪秦 EV	1 辆	□是　　□否
质检意见	原因：		□是　　□否

电动助力转向系统的信号测量（秦 EV）

	电动助力转向系统的信号测量（秦 EV）		
序号	步骤	记录	完成情况
1	**准备工作** 检查耐磨手套有无破损，如有破损需进行更换 检查万用表外观有无破损，检查红黑表笔外观有无破损，连接万用表红黑表笔并调至电阻档，进行万用表校表 将车辆正确停放至工位，放置车轮挡块 规范铺设车内四件套 进入车内，踩下制动踏板，按下起动开关，降下驾驶位车窗，确认车辆状态，车辆下电 打开前舱盖，规范铺设车外三件套		已完成□ 未完成□
2	**电动助力转向系统的信号测量** 根据电路图进行测量 拆除主驾驶饰板 拆卸上下组合开关护罩的塑料卡扣，松开转向管柱角度调节手柄，取下下护罩 万用表调至直流电压档，红色背插针连接 D5 针脚，红表笔连接红色背插针，黑表笔接地，测得电压为 5V，正常 红色背插针连接接插件 D4 针脚，红表笔连接红色背插针，黑表笔接地，测得电压为 5V，正常 红色背插针连接 D7 针脚，红表笔连接红色背插针，黑表笔接地，测得转角信号占空比电压为 2.68V，正常 红色背插针连接 D6 针脚，红表笔连接红色背插针，黑表笔接地，测得转矩信号占空比电压为 1.36V，正常 红色背插针连接 D3 针脚，红表笔连接红色背插针，黑表笔接地，测得转矩信号占空比约为 2.9V，正常 红色背插针连接 D8 针脚，红表笔连接红色背插针，黑表笔接地，测得转角信号占空比电压约为 2.5V，正常 断开低压蓄电池负极并使用绝缘胶带缠绕 万用表调至电阻档 红色背插针连接 D4 针脚，红表笔连接红色背插针，黑表笔接地，测得阻值为 13.5Ω，正常 红色背插针连接 D2 针脚，红表笔连接红色背插针，黑表笔接地，测得阻值为 13.7Ω，正常 安装组合开关饰盖 拆除低压蓄电池负极绝缘胶带，安装低压蓄电池负极 完成电动助力转向系统的信号测量操作		已完成□ 未完成□

（续）

序号	步骤	记录	完成情况
3	**实训现场 6S 整理** 规范拆除车外三件套，关闭前舱盖 规范拆除车内四件套 回收车轮挡块 清点工具，放回原位 进行场地 6S 工作		已完成□ 未完成□
总结 提升			已完成□ 未完成□
质检 意见	原因：		已完成□ 未完成□

📑 评价反馈

1）各组代表展示汇报 PPT，介绍任务的完成过程。

2）请以小组为单位，对各组的操作过程与操作结果进行自评和互评，并将结果填入综合评价表中的小组评价部分。

3）教师对学生工作过程与工作结果进行评价，并将评价结果填入综合评价表中的教师评价部分。

综合评价表

班级		组别		姓名		学号	
实训任务							
评价项目		评价标准				分值	得分
小组评价	计划决策	制定的工作方案合理可行，小组成员分工明确				10	
	任务实施	能够正确检查并设置实训工位				5	
		能够准备和规范使用工具设备				5	
		能够熟读 C-EPS 系统电路图				20	
		能够正确进行比亚迪秦 EV 的 C-EPS 系统测试				20	
		能够规范填写任务工单				10	
	任务达成	能按照工作方案操作，按计划完成工作任务				10	
	工作态度	认真严谨，积极主动，安全生产，文明施工				10	
	团队合作	小组组员积极配合、主动交流、协调工作				5	
	6S 管理	完成竣工检验、现场恢复				5	
		小计				100	

（续）

评价项目		评价标准	分值	得分
教师评价	实训纪律	不出现无故迟到、早退、旷课现象，不违反课堂纪律	10	
	方案实施	严格按照工作方案完成任务实施	20	
	团队协作	任务实施过程互相配合，协作度高	20	
	工作质量	能准确规范完成实训任务	20	
	工作规范	操作规范，三不落地，无意外事故发生	10	
	汇报展示	能准确表达，总结到位，改进措施可行	20	
	小计		100	
综合评分		小组评价分 × 50% + 教师评价分 × 50%		

总结与反思

（如：学习过程中遇到什么问题→如何解决的 / 解决不了的原因→心得体会）

新能源汽车电气技术

能力模块七

掌握整车控制网络系统知识及信号测量方法

任务一 了解整车控制系统的功能并测量网关信号

学习目标

- 掌握整车控制系统的功能。
- 掌握整车控制系统的控制策略。
- 掌握比亚迪秦 EV 车载网络系统工作过程。
- 能通过比亚迪秦 EV 的维修手册查找到网关控制器针脚定义。
- 会根据维修手册的指引进行相关信号的测量，并给出维修结论。
- 了解实训中可能存在的安全问题，明确职业道德中的敬业精神在实际操作中的重要性。

知识索引

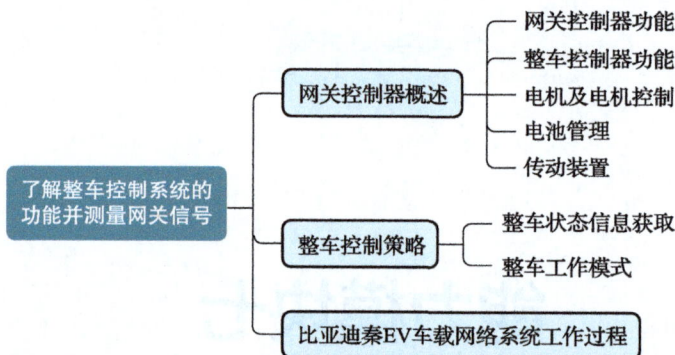

- 了解整车控制系统的功能并测量网关信号
  - 网关控制器概述
    - 网关控制器功能
    - 整车控制器功能
    - 电机及电机控制
    - 电池管理
    - 传动装置
  - 整车控制策略
    - 整车状态信息获取
    - 整车工作模式
  - 比亚迪秦EV车载网络系统工作过程

情境导入

　　要想了解整车控制系统的功能并测量网关信号，首先需要知道其工作原理和各个信号的控制逻辑。通过本任务的学习，你能够理解整车控制系统各个信号的控制逻辑，并能进行信号测量和做出维修结论。

　　一辆比亚迪秦 EV 车辆，驾驶人反映行驶踩加速踏板，车速无明显变化，维修人员初步诊断加速踏板位置传感器至整车控制器之间线束断路，请你根据所学知识，完成整车控制器信号的测量，并分析故障原因，排除故障。

📨 获取信息

❓ 引导问题 1

请查阅相关资料，简述整车网关控制器功能。

_____

_____

_____

❓ 引导问题 2

请查阅相关资料，简述新能源汽车整车控制器功能。

_____

_____

_____

❓ 引导问题 3

请查阅相关资料，简述电机及电机控制功能。

_____

_____

_____

网关控制器概述

一、网关控制器功能

作为整车通信的桥梁，网关控制器用于整车网络中同种通信协议或者不同种通信协议之间数据和信息的交换。车载网关的本质相当于一个单片微机，它是集桥接器与路由器功能于一体的用于连接异型网络的接口装置。当不同的通信协议之间进行数据交互时，在 OSI 参考模型的物理层、数据链路层和应用层中能够对这些数据信息进行有效的解析，这些网络之间进行通信就是通过网关进行维系，因此，网关是网络联系的中间体。

以比亚迪秦 EV 为例，2020 款比亚迪秦 EV 出行版的网关控制器是一个独立个体，2021 款比亚迪秦 EV 的网关控制器功能集成于集成式车身控制模块中（即多合一模块）。网关控制器有以下 3 个功能：

（1）报文路由　网关具有转发报文的功能，对来自源子网的报文进行复制，报文的内容及属性不会做任何改变或转换，当网关收到源子网的报文时，立即发送给目标子网，同时对总线报文状态进行诊断。

（2）信号路由　指网关将源子网不同报文中的某些信号抽取出来，重新打包组成符合目标子网接收节点需求的新报文，重新打包将会改变报文的 ID、发送周期、信号排布位置等，并以网关自主报文的形式发送到目标子网，实现信号在不同报文之间的映射。

（3）网络管理　对网络状态进行监测与统计，进行错误处理、休眠唤醒等。

图 7-1-1 所示为比亚迪秦 EV 整车部件网络关联图。整车系统根据功能分若干个 CAN 子网络，如整车控制器、前驱电动总成、电池管理器、驻车控制器等子网络系统，它们通过网关连接，进行信息交互。

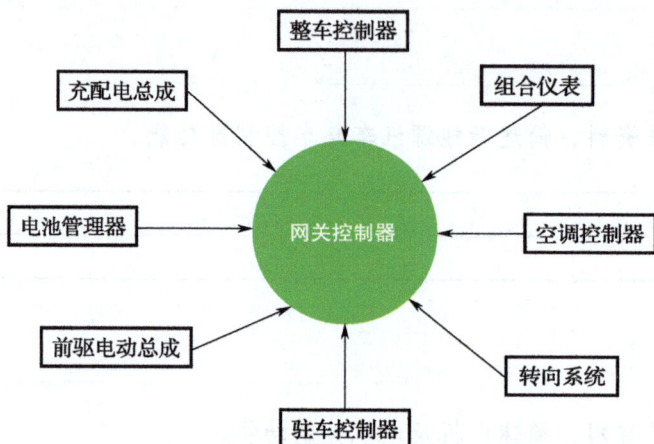

图 7-1-1　秦 EV 整车部件网络关联图

二、整车控制器功能

整车控制器通过采集加速踏板信号、制动踏板信号和档位开关信号等驾驶信息，同时接收 CAN 总线电机控制器和电池管理系统发出的数据，并结合整车控制策略对这些信息进行分析和判断，提取驾驶人的驾驶意图和车辆运行状态信息，最后通过 CAN 总线发出指令来控制各部件控制器的工作，保证车辆的正常行驶。

整车控制器作为新能源汽车的关键控制部件之一，主要功能有整车协调控制、车辆驱动控制、高压上下电、辅助功能、系统安全、CAN 通信、故障诊断和保护等。

（1）整车协调控制功能　具有协调控制整车系统、底盘系统、高低压能源系统、热管理系统等安全工作的作用。

（2）车辆驱动控制功能　按照驾驶人意愿、车辆载荷、路面情况和气候环境的变化，调节车辆的动力性、经济性和舒适性。

（3）高压上下电功能　车辆上电，未接收到车辆任何故障信息时，整车正常上电，仪表点亮"OK"指示灯。当 VCU 接收到动力电池温度高于 55℃时，通过动力 CAN 在网关控制器内与空调控制器通信给动力电池散热，仪表提示"请检查动力系统"，当动力电池的温度无法下降时，协调电池管理器控制电池包内的正负极接触器断开，车辆下电。车辆行驶时，电机、电机控制器以及动力电池的温度上升至车辆报警阈值时，如动力电池温度高于 55℃、电机温度高于 110℃、电机控制器的 IGBT 温度高于 85℃时，仪表提示"请检查动力系统"，电池管理器控制电池包正负极接触器断开，车辆下电。当 VCU 接收到碰撞信号时，协调电池管理器控制电池包正负极接触器断开，电机控制器控制主动或被动泄放，车辆下电。

（4）辅助功能　车辆冷却系统以及真空泵控制。

（5）系统安全　对车辆进行安全控制，当出现严重故障时，执行下电停车等指令。

（6）CAN 通信　与网关控制器进行通信。

（7）故障诊断和保护　进行故障诊断，并及时进行相应的安全保护处理及故障码的存储和回调。

三、电机及电机控制

前驱电动总成的电机及电机控制中，电机控制器将充配电总成输出的高压直流电通过控制器内的 IGBT 模块进行逆变，输出三相可调电压、可变频率的交流电给驱动电机提供电能，驱动车辆前进或后退。它是通过主动工作来控制电机按照设定的方向、速度、角度、响应时间进行工作的集成电路。车辆进行制动能量回馈时，电机控制器接收到 VCU 通过动力 CAN 传输过来的加速踏板开度为 0% 的信号时，电机旋转产生的电能通过电机控制器整流成高压直流电给动力电池充电。电机控制器实时监控电机及控制系统的状态。

四、电池管理

电池管理系统实现充 / 放电管理、电池热管理、接触器控制、功率控制、电池异常状态报警和保护、SOC/SOH 计算、自检以及通信功能等。

五、传动装置

传动系统在整车中起到动力传动的作用，驱动电机的力矩通过传动系统传递到车轮，使车辆可以按照驾驶人驾驶意图行驶。纯电动汽车的传动系统可以采用同传统汽车一样的多档位、手动档、自动档等变速器进行变速。

> **引导问题 4**
>
> 请查阅相关资料，简述比亚迪秦 EV 整车状态信息获取方式。
> _____
> _____
> _____

> **引导问题 5**
>
> 请查阅相关资料，简述比亚迪秦 EV 整车状态获取内容。
> _____
> _____
> _____

> **❓ 引导问题 6**
>
> 请查阅相关资料，简述比亚迪秦 EV 整车工作模式。
>
> _____
>
> _____
>
> _____

整车控制策略

车辆通过传感器、信息采集器等获取相关数据，根据汽车的实际状态，做出对应的策略控制。

一、整车状态信息获取

1. 整车状态的获取方式

整车状态的获取方式主要包括以下几个方面。

1）通过电机控制器获取旋变传感器的电机位置信号、温度传感器的电机温度信号。

2）通过电池信息采集器采集单体电压、温度信息。

3）通过转向系统力矩传感器、转角位置传感器采集信号。

4）通过空调控制器采集室内室外温度传感器信号。

5）通过档位信号等传感器，采集不同的采样周期数据，实时检测整车的运行状态。

6）通过 CAN 总线获得车辆功能模块、动力电池系统、电机驱动系统等状态信息。

2. 整车状态获取内容

整车状态获取的内容是多方面的，包括但不限于以下几个方面。

1）点火钥匙状态：OFF、ON。

2）充电监控状态：充电唤醒。

3）档位状态：P、R、N、D。图 7-1-2 所示，为车辆档位及 P 位状态时，仪表上出现的对应标识。

图 7-1-2　车辆档位及 P 位状态仪表显示

4）加速踏板位置：加速踏板开度（0~100%）。

5）制动踏板状态：踩下、未踩下。

6）BMS 状态：电压、电流、绝缘状态等。

7）电机控制器状态：工作模式、转速、转矩等。

8）EPS、PTC 信息。

9）ABS 状态。

二、整车工作模式

整车分为两个工作模式：充电模式、行驶模式。整车控制器由低压唤醒后，周期执行整车模式的判断。其中，充电模式优先于行驶模式。

（1）充电模式　直流充电唤醒信号。

（2）行驶模式　监测制动踏板、加速踏板开度信号以及制动真空压力信号，控制散热风扇低速 / 高速运转。

（3）模式切换　当汽车处于充电模式时，不能切换到行驶模式。点火开关在"ON"档且在充电时，转动点火开关，仪表"OK"灯不亮，挂档不能行驶，但可以开启空调系统（制冷或制热）。断开充电枪，关闭点火开关，重新上电即可上高压，仪表"OK"指示灯点亮，汽车挂档可以行驶。

（4）车辆处于行驶模式　可以切换到充电模式，例如，若车辆监测到有充电需求时，车辆自动下电，进而执行充电模式。

引导问题 7

请查阅相关资料，简述比亚迪秦 EV 的舒适网 1 作用。

引导问题 8

请查阅相关资料，简述比亚迪秦 EV 的动力网作用。

引导问题 9

请查阅相关资料，简述比亚迪秦 EV 的 ESC 网作用。

比亚迪秦 EV 车载网络系统工作过程

图 7-1-3 所示为比亚迪秦 EV 车载网络系统的关系图。

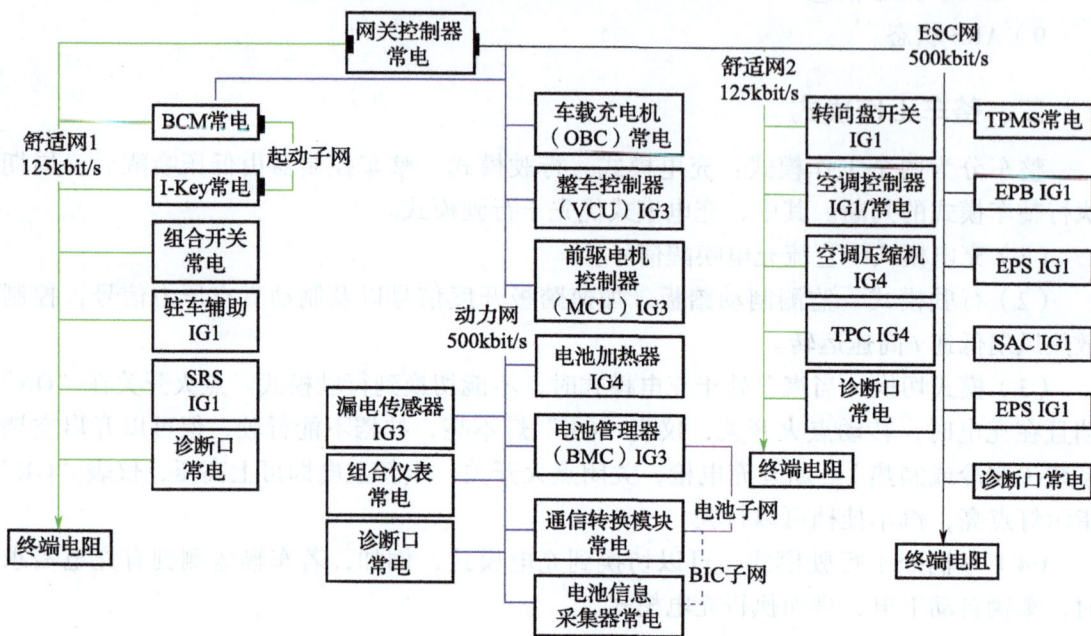

图 7-1-3　比亚迪秦 EV 车载网络系统关系图

比亚迪秦 EV 的舒适网 1 线束末端外挂（并联）一个 120Ω 的终端电阻，另一端的终端电阻在网关控制器端。舒适网 1 主要是控制车辆解锁、起动以及驻车辅助等动作。例如：比亚迪秦 EV 的在外探测天线探测到智能钥匙发出的 434MHz 频率信号后传给智能钥匙模块（I-Key）；BCM 采集一键起动开关的起动信号通过起动子网与 I-Key 进行通信，不管车辆上电成功与否，通过舒适网 1 与组合仪表通信，显示是否上电成功。

比亚迪秦 EV 的动力网一端终端电阻在网关控制器，另一终端电阻是在 BMC 端。按下一键起动开关后，通过动力 CAN 与 BMC、前驱电机控制器、VCU、充配电总成（DC-DC 变换器）进行通信，BIC 采集的电池信息通过电池子网传输到 BMC，BMC 通过动力 CAN 与其他的部件进行通信。VCU 需要采集制动踏板和加速踏板开度信号，同时监控真空泵的真空压力。若 VCU 接收到动力电池、驱动电机或驱动电机控制器温度高的信号，则会控制散热风扇低速或高速运转，若动力电池的温度持续上升，BMC 通过动力 CAN 在网关控制器与舒适网 2 进行通信，空调控制器控制电子膨胀阀打开，开启动力电池制冷，直至动力电池温度降至 33℃ 为止。若动力电池或驱动电机及其控制器的温度持续上升，车辆的冷却系统却无法将温度降下来，此时 BMC 或驱动电机控制器通过动力 CAN 向仪表发出报警的指令，组合仪表直接显示相对应的故障指示灯。

比亚迪秦 EV 的 ESC 网线束末端外挂（并联）一个 120Ω 的终端电阻，另一端的终端电阻在网关控制器端。ESC 网主要是控制车辆的车身稳定、助力转向、胎压监测等安全系统。例如，比亚迪秦 EV 的胎压监测系统，通过传感器融合和信号处理，能够监测 1~4 个轮胎的胎压。它主要依据两个监测参数来发现胎压变化：

1）监测轮胎半径变化。

2）监测车轮滚动的频谱特性变化。

转向系统利用车速传感器的信号，根据不同的车速提供不同的助力，以改善汽车的转向特性，减轻停车泊位和低速行驶时的转向操纵力，提高高速行驶时的转向操纵稳定性，进而提高了汽车的主动安全性。

📖 拓展阅读

未来汽车网络的发展趋势将出现多协议并存的混合汽车网络架构，这样的架构完全可以满足汽车对更低成本和更高性能的要求。在整车电子电气架构的核心部件和整车网络的数据交互枢纽，即车载网关控制器中，可以将 CAN、LIN、MOST、FlexRay 等网络的数据进行交互。

为了能够提高整车拓扑结构的可扩展性、安全性以及数据的保密性，在整车架构的设计中将车载网关控制器作为独立的电子控制单元。如今车载网关控制器已经成为整车电子电气架构中不可或缺的重要部件。因此一个功能全面且运行稳定的测试系统在车载网关控制器的研发以及生产过程中是必不可少的。

网关功能测试内容包括网关控制器功能测试、网络单节点测试和网关网络压力测试。上位机将测试用例指令下载到下位机，由下位机直接控制所述系统中的各通信板卡、I/O 板卡、标准电源模块及各总线干扰注入模块，来给待测网关施加测试用例，并从总线采集模块获得中央网关各通道的总线信息，最后通过上位机测试管理软件比对测试结果，给出测试报告和记录测试数据。根据路由表规则建立数据库，并自动生成基础测试脚本在测试系统中运行，能够实现最大值、最小值、随机值、替代值、报文延时、周期时间等报文信号路由基本功能测试。其他功能测试可通过配置压力参数结合基础测试脚本生成压力测试脚本，加载压力测试脚本到测试系统进行自动化测试，如网络负载率变化影响测试、网络接口独立性测试、边界值测试、I/O 故障激励测试、多次故障恢复测试、总线故障注入测试、BUSOFF 恢复测试、多次异常供电测试、鲁棒性测试和健壮性测试等长时间、高负载场景下的压力测试。

尽管目前车载网关测试已有一定的基础，但为了适应更多需求（如更高传输速率、低时延、高容错、网络安全及智慧交通）的需要，保证车载网络通信的实时性、可靠性和信息安全，需要对网关的功能设计和测试提出更高的要求。

作为科技领域的工作者，我们应当秉承初心，不忘使命，坚定信心，攻坚克难，不断努力融入全球科技创新这张大网中来，最大限度地用好全球创新资源，把握好机遇和挑战，全面提升中华民族在全球创新格局中的地位，提高我国在全球科技领域中的影响力和规则制定能力，早日把我国建设成为世界科技强国，这是千万中国科技人的心愿和使命，也是时代赋予我们的担当。

👥 任务分组

学生任务分配表见表 7-1-1。

表 7-1-1　学生任务分配表

班级		组号		指导老师	
组长		学号			
组员角色分配					
信息员		学号			
操作员		学号			
记录员		学号			
安全员		学号			
任务分工					
（就组织讨论、工具准备、数据采集、数据记录、安全监督、成果展示等工作内容进行任务分工）					

📋 工作计划

　　按照前面所了解的知识内容和小组内部讨论的结果，制定工作方案，落实各项工作负责人，如任务实施前的准备工作、实施中主要操作及协助支持工作、实施过程中相关要点及数据的记录工作等。

工作计划表

步骤	工作内容	负责人
1		
2		
3		
4		
5		
6		
7		
8		

♨ 进行决策

1）各组派代表阐述资料查询结果。

2）各组就各自的查询结果进行交流，并分享技巧。

3）教师对各组的计划方案进行点评。

4）各组长对组内成员进行任务分工，教师确认分工是否合理。

👷 任务实施

❓ 引导问题 10

扫描二维码观看视频，了解比亚迪秦 EV 网关控制器的检查与故障诊断过程，说说操作的要点。

_____

_____

网关控制器的检查与故障诊断要点（秦 EV）

根据所学整车控制网络系统知识及信号测量的相关知识，在比亚迪秦 EV 实车上完成比亚迪秦 EV 网关控制器的检查与故障诊断，并完成实训工单的填写。

实训准备			
序号	设备及工具名称	数量	设备及工具是否完好
1	一体化集成工量具	1 套	□是　□否
2	三层工具车	1 辆	□是　□否
3	车内四件套	1 套	□是　□否
4	车外三件套	1 套	□是　□否
5	安全防护套装	1 套	□是　□否
6	警示牌	1 套	□是　□否
7	灭火器	1 套	□是　□否
8	耐磨手套	若干	□是　□否
9	万用表	1 套	□是　□否
10	万用接线盒	1 套	□是　□否
11	故障诊断仪	1 套	□是　□否
12	内饰拆装工具	1 套	□是　□否
13	比亚迪秦 EV	1 辆	□是　□否
质检意见	原因：		□是　□否

网关控制器的检查与故障诊断要点（秦 EV）

序号	步骤	记录	完成情况
1	**准备工作** 检查耐磨手套有无破损，如有破损需进行更换 检查万用表外观有无破损，检查红黑表笔外观有无破损，连接万用表红黑表笔并调至电阻档，进行万用表校表 将车辆正确停放至工位，放置车轮挡块 规范铺设车内四件套 进入车内，踩下制动踏板，按下起动开关，降下驾驶位车窗，确认车辆状态，车辆下电		已完成☐ 未完成☐
2	**网关控制器的检查与故障诊断要点** 根据电路图进行检测 断开低压蓄电池负极并使用绝缘胶带缠绕 打开前排乘客侧杂物箱，拆卸杂物箱两侧固定卡扣，拆卸右侧阻尼杆，取下杂物箱 断开网关控制器接插件 G19 拆除低压蓄电池负极绝缘胶带，安装低压蓄电池负极 万用表调至电压档，红色背插针连接网关控制器接插件 G19/16 号端子，红表笔连接红色背插针，黑表笔接地，测得 11.9V，正常，取下表笔 红色背插针连接网关控制器接插件 G19/12 号端子，红表笔连接红色背插针，黑表笔接地，测得 11.9V，正常，取下表笔 红色背插针连接网关控制器接插件 G19/1 号端子，红表笔连接红色背插针，黑表笔接地，测得 2.5V，正常，取下表笔 红色背插针连接网关控制器接插件 G19/2 号端子，红表笔连接红色背插针，黑表笔接地，测得 2.3V，正常，取下表笔 红色背插针连接网关控制器接插件 G19/7 号端子，红表笔连接红色背插针，黑表笔接地，测得 2.5V，正常，取下表笔 红色背插针连接网关控制器接插件 G19/8 号端子，红表笔连接红色背插针，黑表笔接地，测得 2.4V，正常，取下表笔 红色背插针连接网关控制器接插件 G19/9 号端子，红表笔连接红色背插针，黑表笔接地，测得 2.5V，正常，取下表笔 红色背插针连接网关控制器接插件 G19/10 号端子，红表笔连接红色背插针，黑表笔接地，测得 2.4V，正常，取下表笔 红色背插针连接网关控制器接插件 G19/13 号端子，红表笔连接红色背插针，黑表笔接地，测得 2.4V，正常，取下表笔 红色背插针连接网关控制器接插件 G19/14 号端子，红表笔连接红色背插针，黑表笔接地，测得 2.5V，正常，取出表笔		已完成☐ 未完成☐

（续）

序号	步骤	记录	完成情况
2	断开低压蓄电池负极并使用绝缘胶带缠绕 万用表调至电阻档 红色背插针连接网关控制器接插件 G19/11 号端子，红表笔连接红色背插针，黑表笔接地，测得小于 $0.1\,\Omega$，正常，取出表笔 红色背插针连接网关控制器接插件 G19/15 号端子，红表笔连接红色背插针，黑表笔接地，测得小于 $0.1\,\Omega$，正常，取下背插针和表笔 连接网关控制器接插件 G19 安装杂物箱，安装杂物箱右侧阻尼杆，安装杂物箱两侧固定卡扣，关闭杂物箱		已完成☐ 未完成☐
3	**实训现场 6S 整理** 规范拆除车内四件套 回收车轮挡块 清点工具，放回原位 进行场地 6S 工作		已完成☐ 未完成☐
总结提升			已完成☐ 未完成☐
质检意见	原因：		已完成☐ 未完成☐

📑 评价反馈

1）各组代表展示汇报 PPT，介绍任务的完成过程。

2）请以小组为单位，对各组的操作过程与操作结果进行自评和互评，并将结果填入综合评价表中的小组评价部分。

3）教师对学生工作过程与工作结果进行评价，并将评价结果填入综合评价表中的教师评价部分。

综合评价表

班级		组别		姓名		学号	
实训任务							
评价项目		评价标准				分值	得分
小组评价	计划决策	制定的工作方案合理可行，小组成员分工明确				10	
	任务实施	能够正确检查并设置实训工位				5	
		能够准备和规范使用工具设备				5	
		能够使用万用表电压档正确检查网关控制器信号				20	
		能够使用万用表电阻档正确检查网关控制器信号				20	
		能够规范填写任务工单				10	

（续）

评价项目		评价标准	分值	得分
小组评价	任务达成	能按照工作方案操作，按计划完成工作任务	10	
	工作态度	认真严谨，积极主动，安全生产，文明施工	10	
	团队合作	小组组员积极配合、主动交流、协调工作	5	
	6S 管理	完成竣工检验、现场恢复	5	
		小计	100	
教师评价	实训纪律	不出现无故迟到、早退、旷课现象，不违反课堂纪律	10	
	方案实施	严格按照工作方案完成任务实施	20	
	团队协作	任务实施过程互相配合，协作度高	20	
	工作质量	能准确规范完成实训任务	20	
	工作规范	操作规范，三不落地，无意外事故发生	10	
	汇报展示	能准确表达，总结到位，改进措施可行	20	
		小计	100	
综合评分		小组评价分 ×50% + 教师评价分 ×50%		

总结与反思

（如：学习过程中遇到什么问题→如何解决的 / 解决不了的原因→心得体会）

任务二

了解车载网络框架结构并测量总线信号

🔄 学习目标

- 熟悉总线的概念与拓扑结构。
- 掌握不同总线的特性。
- 能通过维修手册查找到不同总线的端子。
- 会根据维修手册的指引进行总线信号的测量，并给出维修结论。
- 了解实训中可能存在的安全问题，明确职业道德中的敬业精神在实际操作中的重要性。

🔲 知识索引

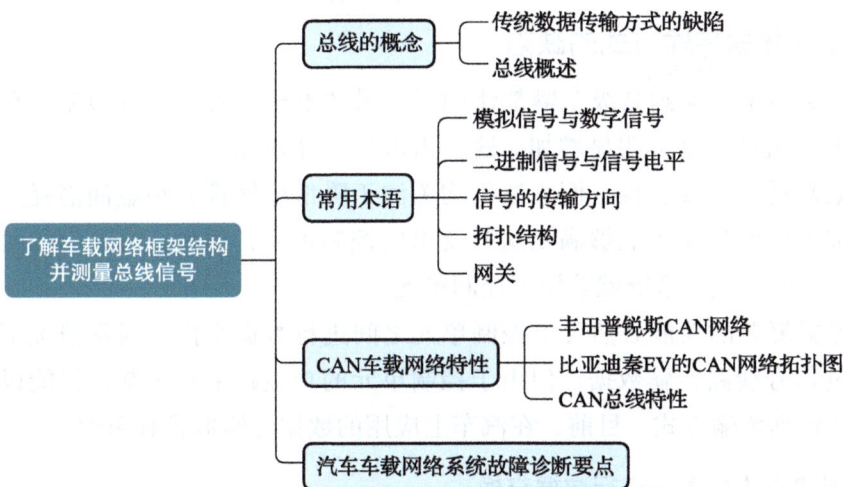

📖 情境导入

　　一辆比亚迪秦 EV，驾驶人在起动车辆时，组合仪表系统提示"请检查动力系统""请检查 ABS 系统"等多个故障信息。维修人员在尝试使用诊断仪读取故障码时，发现整车无法通信，初步诊断为网关系统不工作。请你根据所学知识，完成网关系统信号测量，并分析故障原因，排除故障。

📨 获取信息

❓ 引导问题 1

　　请查阅相关资料，简述汽车总线上应用的数据传输形式。

_____

_____

_____

❓ 引导问题 2

　　请查阅相关资料，简述汽车总线具体的优点。

_____

_____

_____

总线的概念

一、传统数据传输方式的缺陷

　　目前，从小型车辆到高级车辆都使用了大量的电子装置。可以预见，在未来几年内汽车的电子组件数量会明显增加。这种需求主要体现在两方面：用户希望不断改善汽车的驾驶舒适性和安全性，而立法机构关注于降低废气排放和燃油消耗。其实汽车在很早以前就已经使用了能够满足这些要求的控制单元，例如，汽车中的数字式发动机电子系统和安全气囊系统就采用了控制单元。

　　要实现更复杂的功能必然要求控制单元之间进行数据交换。通常情况下，控制单元之间通过信号线路传输数据，但由于控制单元的功能越来越复杂，只能以更高的成本实现这种数据传输方式。目前，在汽车上应用的数据传输形式有两种。

1. 使用独立的数据线进行数据交换

　　使用独立的数据线进行数据交换需要大量数据线，因为每个信息都需要一个独立的数据线。随着汽车控制系统越来越复杂，所需传输的信息量也越来越大，数据线的数量和控制单元的针脚数也会相应增加，因此这种数据传递形式只适用于有限信息量的数据交换和传输。

2. 并行数据传输

　　并行（同时）传输数据可以提高传输速度，但需要大量的线缆。在并行传输中，每种信息单元都需要一根线缆。

二、总线概述

为了尽可能减少不利因素的影响，车载网络使用了总线系统，将各个控制单元原本独立的处理过程通过双绞线、光缆等相互联系起来。也就是说，对所有处理过程进行分配，在整个车载网络系统内完成处理过程，并使这些过程共同发挥作用，从而增加了车载网络内的数据交换量。通过这种交换方式还能执行很多新功能，带来了更高的行驶安全性和舒适性。总线的具体优点主要体现在以下几个方面。

1）提高整个系统的可靠性。

2）降低布线成本。

3）减少各种电缆数量。

4）灵活布线。

5）能够传输复杂数据。

6）进行系统变更时更具灵活性。

7）随时能够扩展数据范围。

8）为客户实现新功能。

9）有效诊断。

10）降低硬件成本。

引导问题 3

请查阅相关资料，简述模拟信号与数字信号的特点。

_____

_____

_____

引导问题 4

请查阅相关资料，简述二进制信号与信号电平的特点。

_____

_____

_____

引导问题 5

请查阅相关资料，简述线型拓扑布局的特点。

_____

_____

_____

> **❓ 引导问题 6**
>
> 请查阅相关资料，简述网关的定义及作用。
> _____
> _____
> _____

常用术语

一、模拟信号与数字信号

"模拟"这个概念来源于希腊语"analogos"，表示"类似于"。模拟数据（信息）是指用与数据成比例变化的连续变化物理量表示数据。模拟信号的特点是，它可以采用0%~100%之间的任意值，如图7-2-1所示，因此该信号为无极性方式，如指针式测量仪表、水银温度计、指针式时钟。

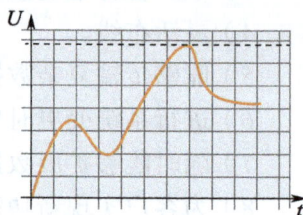

图 7-2-1　模拟信号

例如，在听音乐时，耳朵就会接收到模拟信号（声波连续变化）。电气设备（音响系统、收音机、电话等）以同样的方式通过连续变化的电压表示出这种声音。但当这种电信号由某一设备向另一设备传输时，接收装置接收到的信息与发射装置发送的信息并不完全相同，这是由于下列干扰因素造成的：

1）电缆长度。

2）电缆的线性电阻。

3）无线电波。

4）移动无线电信号。

出于安全方面的原因，在车辆应用中不会通过模拟方式传输信息。此外，电压变化太小则无法显示出可靠值，主要体现在 ABS、安全气囊、发动机管理系统等。

"数字"这个概念来源于拉丁语"Digitus"，表示手指或脚趾。因此，"数字"是指可以用手指计算的所有事务，或者更确切地说，就是可分为若干个独立阶段的所有事务。数字表示方式就是以数字形式表示不断变化的常量，如图7-2-2所示。尤其在计算机内，所有数据都以"0"和"1"的序列形式表示出来（二进制）。因此，"数字"信号是"模拟"信号的相对立形式。例如，数字万用表、数字时钟、CD、DVD等都是运用数字信号。

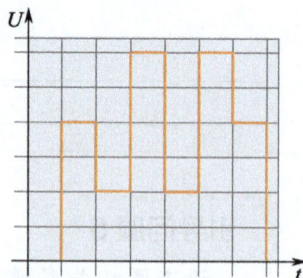

图 7-2-2　数字信号

二、二进制信号与信号电平

一个二进制信号只能识别两种状态：0 和 1，或高和低，如图7-2-3所示。例如：

1）车灯亮起和车灯未亮起。

2）继电器已断开和继电器已接通。

3）供电和未供电。

每个符号、图片甚至声音都可由特定顺序的二进制字符构成，如 10010110。通过这些二进制字符编码计算机或控制单元，可以进行信息处理或将信息发送给其他控制单元。为了能够清楚区分车辆应用方面的高低两种电平状态，明确规定了每种状态的对应范围，具体如图 7-2-4 所示。

1）高电平为 6~12V。

2）低电平为 0~2V。

3）处于 2~6V 之间的范围是禁止范围，用于识别故障。

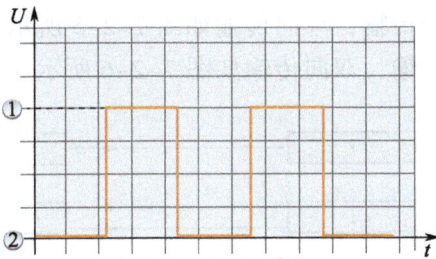

图 7-2-3　二进制信号

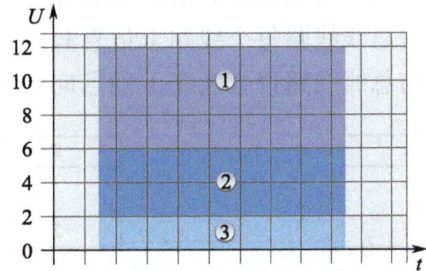

图 7-2-4　信号电平

1—高电平范围　2—禁止范围　3—低电平范围

三、信号的传输方向

根据发送装置向接收装置传输信息时的方式，分为并行传输形式和串行传输形式。目前，车辆上并行数据传输方式多在计算机系统内部线路中使用，而串行方式则大都在控制单元外部进行信息传输。

进行并行数据传输时，发送装置向接收装置同时（并行）传输七至八位数据。以并行形式传输数据时，两个设备之间的电缆必须包括七根或八根平行排列的导线（加接地导线）。需要较高的传输速度时，通常使用这种传输方式。但是由于插接装置和电缆方面的费用较高，因此，只能在传输路径较短时采用并行传输方式。

串行接口主要用于在数据处理设备之间进行数字通信，在一根导线上以比特为单位依次（连续形式）传输所需数据。这种传输方式的优点是降低了布线的时间和成本。串行数据传输可以是同步传输和异步传输。

使用一个共同的时钟脉冲发生器，可保持发送装置和接收装置时间管理的同步性，这种方式就是同步传输形式。此时只需使用发送装置的时钟脉冲发生器，通过一根单独的导线将其节拍频率传送给接收装置。进行同步传输时，通常以信息组形式发送数据，为此必须使接收装置与信息组传输同步化。因此，在信息组起始处发送一个起始符号，在停止处发送一个停止识别符号。

发送和接收装置之间最常用的时间管理方式是异步传输形式。进行异步数据传输时，发送和接收装置之间没有共同的系统节拍，仅通过起始位和停止位识别数据组的开始和结束。只有当接收装置确认已接收到之前的数据后，发送装置才会传输下面的数据。这种方式传输速率相对较慢。此外，数据传输率还取决于总线长度。进行异步数据传输时，仅针对字符的持续时间建立并保持发送和接收装置之间的同步性。这种方式又称为起止方式。根据每次达到同步所需的时间，此时的比特率低于同步数据传输时的比特率。

进行异步传输时，每个字符起始处都有一个起始位。接收装置可通过该起始位与发送装置的节拍保持同步。随后发送 5~8 位数据位，并可能发送一个检查位（校验位）。在导线上发送数据位时，首先发送最低值数位，最后发送最高值数位，此后还有一个或两个停止位。这些停止位用于传输两个字符之间的最小停顿。停止位为接收装置创造了接收下面字符的准备时间。这种由起始位、数据位和停止位构成的单位又称为字符框架。发送和接收装置的传输形式必须一致。

单向总线线路每个线路上信息只向一个方向传输，单向传输如图 7-2-5 所示。

双向总线线路每个线路上信息向两个方向传输，双向传输如图 7-2-6 所示。

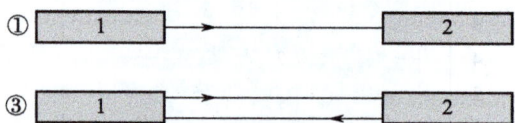

图 7-2-5　单向传输　　　　　　　图 7-2-6　双向传输

四、拓扑结构

拓扑结构是指网络中各个结点相互连接的形式，在局域网中一般是指文件服务器、工作站和电缆等的连接形式。现在最主要的拓扑结构有线形拓扑、星形拓扑、环形拓扑以及它们的混合型。

顾名思义，线形拓扑其实就是将文件服务器和工作站都连在称为总线的一条公共电缆上，且总线两端必须有终结器。线形拓扑结构如图 7-2-7 所示。

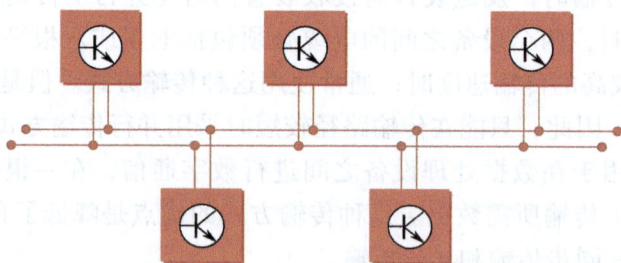

图 7-2-7　线形拓扑结构

线形拓扑布局的特点：①结构简单灵活，非常便于扩充；②可靠性高，网络响应速度快；③设备量少、价格低、安装使用方便；④共享资源能力强，非常便于广播式工作，即一个结点发送，所有结点都可接收。

总线距离最远两端连接的器件称为终端电阻，图 7-2-8 所示为终端电阻示意图。它主要与总线进行阻抗匹配，最大限度地吸收传送到端部的能量，避免信号反射回总线产生不必要的干扰。

例如，在总线的两个终端，分别连接一个 120Ω 的终端电阻。这两个终端电阻并联，构成一个 60Ω 的等效电阻，停止供电后可以在数据线之间测量这个等效电阻。此外，单个电阻可以各自分开测量。测量前需要把一个便于拆装的控制单元从总线上脱开，然后在插头上测量 CAN-L 导线和 CAN-H 导线之间的电阻。

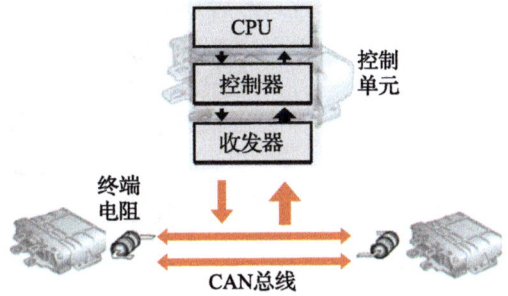

图 7-2-8　终端电阻

星形拓扑则是以一台设备作为中央连接点，各工作站都与它直接相连形成星形，星形拓扑结构如图 7-2-9 所示。各结点与中央结点通过点与点方式连接，中央结点执行集中式通信控制策略，因此中央结点相当复杂，负担也重。这种结构适用于局域网，特别是近年来连接的局域网大都采用这种连接方式。这种连接方式以双绞线或同轴电缆作为连接线路。

环形拓扑就是将所有结点彼此串行连接，像链条一样构成一个环形回路，环形拓扑结构示意图如图 7-2-10 所示。环形网中的数据可以是单向传输也可是双向传输。信息在每台设备上的延时是固定的。由于环线公用，一个结点发出的信息必须穿越环中所有的环路接口，信息流中目的地址与环上某结点地址相符时，信息被该结点的环路接口所接收，而后信息继续流向下一环路接口，一直流回到发送该信息的环路接口结点为止。环形拓扑特别适合实时控制的局域网系统。

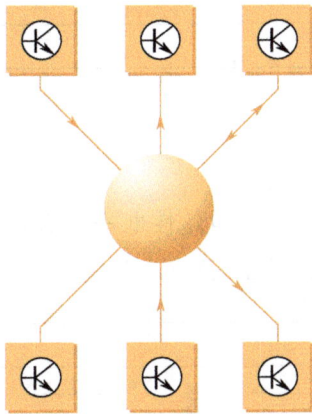

图 7-2-9　星形拓扑结构

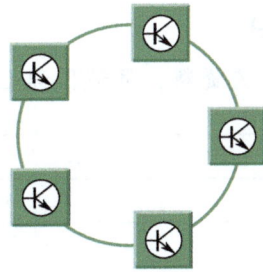

图 7-2-10　环形拓扑结构

五、网关

众所周知，从一个房间走到另一个房间，必然要经过一扇门。同样，从一个网络向另一个网络发送信息，也必须经过一道"关口"，这道关口就是网关。网关示意图如图 7-2-11 所示。顾名思义，网关就是一个网络连接到另一个网络的"关口"。网关用作总线系统之间的接口，使数据交换成为可能。

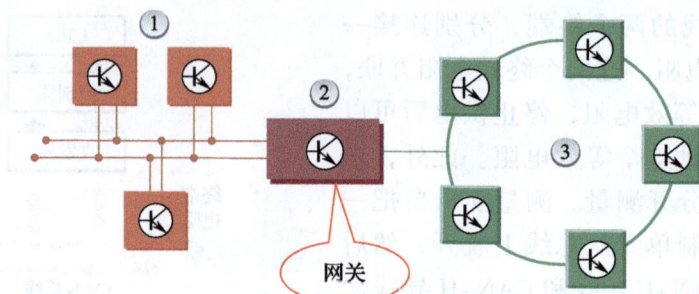

图 7-2-11　网关

❓ **引导问题 7**

请查阅相关资料，简述比亚迪秦 EV CAN 网络结构。

_____

_____

_____

❓ **引导问题 8**

请查阅相关资料，简述高速 CAN 的显性电平和隐性电平特点。

_____

_____

_____

❓ **引导问题 9**

请查阅相关资料，简述低速 CAN 的显性电平和隐性电平特点。

_____

_____

_____

❓ **引导问题 10**

请查阅相关资料，简述高速动力 CAN 的速率及连接的系统。

_____

_____

_____

引导问题 11

请查阅相关资料，简述低速舒适 CAN 的速率及连接的系统。

_____

_____

_____

CAN 车载网络特性

CAN 是控制器局域网络的简称，是由以研发和生产汽车电子产品著称的德国博世公司开发的，并最终成为国际标准（ISO 11898），是国际上应用最广泛的现场总线之一。在北美和西欧，CAN 总线协议已经成为汽车计算机控制系统和嵌入式工业控制局域网的标准总线，并且拥有以 CAN 为底层协议专为大型货车和重工机械车辆设计的 J1939 协议。近年来，其所具有的高可靠性和良好的错误检测能力受到重视，被广泛应用于汽车计算机控制系统和环境温度恶劣、电磁辐射强和振动大的工业环境。

一、丰田普锐斯 CAN 网络

丰田普锐斯 CAN 网络属于总线式串行通信网络，如图 7-2-12 所示。总线的传输速率为 500kbit/s。

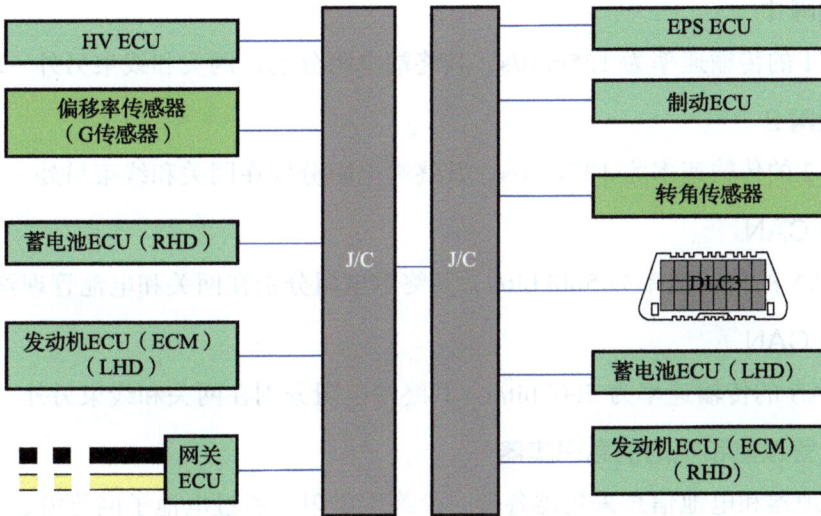

图 7-2-12　丰田普锐斯 CAN 网络

二、比亚迪秦 EV 的 CAN 网络拓扑图

比亚迪秦 EV 的 CAN 网络也属于总线式串行通信网络，如图 7-2-13 所示。

比亚迪秦 EV CAN 网络结构主要包括以下部分。

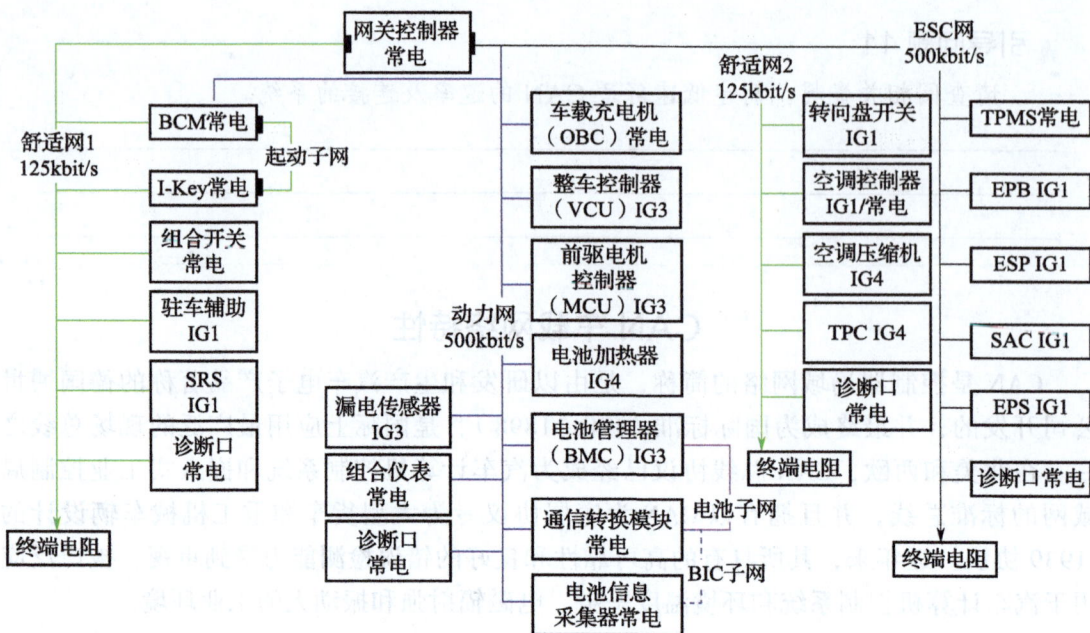

图 7-2-13　比亚迪秦 EV 的 CAN 网络拓扑图

1. 起动子网

起动子网的传输速率为 125kbit/s，其终端电阻分别在 BCM 和 I-Key 模块中。

2. 舒适网 1

舒适网 1 的传输速率为 125kbit/s，其终端电阻分别在网关和线束另外一端。

3. 舒适网 2

舒适网 2 的传输速率为 125kbit/s，其终端电阻分别在网关和线束另外一端。

4. 动力 CAN

动力 CAN 的传输速率为 500kbit/s，其终端电阻分别在网关和电池管理器模块中。

5. 底盘 CAN

底盘 CAN 的传输速率为 500kbit/s，其终端电阻分别在网关和线束另外一端。

6. 电池管理器和电池信息采集器

电池管理器和电池信息采集器各有一个终端电阻，通过电池子网传输数据。

三、CAN 总线特性

在 CAN 网络中各控制单元与总线之间的信号传输是通过逻辑信号（二进制数字信号）与电压信号完成的。逻辑信号 0 表示显性电平，此时总线处于激活状态；1 表示隐性电平，此时总线处于休眠状态。

在高速 CAN 总线中，CAN-H 和 CAN-L 都处于隐性电平 1 时，其电压信号均为 2.5V。

当报文进行传输时总线被唤醒，CAN-H 和 CAN-L 处于显性电平，CAN-H 由 2.5V 变换到 3.5V，CAN-L 由 2.5V 变换到 1.5V，因此产生 2V 的压差信号，收发器通过压差信号判断总线的电平。

在低速 CAN 总线中，CAN-H 和 CAN-L 都处于隐性电平 1 时，CAN-H 对应电压信号为 0.3V，CAN-L 对应电压信号为 4.7V。当报文进行传输时总线被唤醒，CAN-H 和 CAN-L 处于显性电平，CAN-H 由 0.3V 变换到 3.5V，CAN-L 由 4.7V 变换到 1.5V，产生 2V 的压差信号，如图 7-2-14 所示。

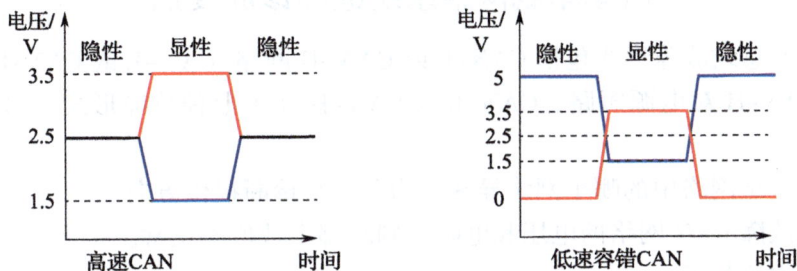

图 7-2-14　CAN-H 线和 CAN-L 线电压值显示

目前，汽车上的网络连接方式主要采用 2 组 CAN 总线，一组是用于驱动系统的高速 CAN 总线，速率达到 500kbit/s，另一组是用于车身系统的低速 CAN 总线，速率是 100kbit/s。有些先进的轿车除了上述 2 组 CAN 总线外，还有第 3 组 CAN 总线，它主要负责卫星导航及智能通信系统。

驱动系统用 CAN 总线的主要连接对象是发动机 ECU、ASR 及 ABS ECU、SRS ECU、组合仪表等。它们的基本特征相同，都是控制与汽车行驶直接相关的系统。这些高速动力 CAN 用于连接发动机管理系统和变速器控制系统，现在还负责安全和驾驶人辅助系统方面各系统间的相互连接。高速动力 CAN 的数据传输率为 100~500，并采用双绞线结构（两根绞合的导线），通过中央网关模块与其他总线系统相连，一般分成 2 条并联电路。高速动力 CAN 不能单线运行，只要有一根 CAN 总线出现问题，相应线路上的所有模块都无法通信。

低速舒适 CAN 用于车身控制器区域网络数据传输率较低的部件之间的通信。低速舒适 CAN 的数据传输率为 100 以下，并采用双绞线结构（两根绞合的导线），通过中央网关模块与其他总线系统相连，一般分成 2 条并联电路，多用于车身系统的控制。这些低速 CAN 总线主要连接对象是四门中控锁、电动门窗、后视镜和车内照明灯等。

引导问题 12

请查阅相关资料，简述汽车 CAN 总线故障形式。

_____

_____

_____

引导问题 13

请查阅相关资料，简述汽车 CAN 总线故障诊断步骤。

_____

_____

_____

汽车车载网络系统故障诊断要点

汽车 CAN 总线故障形式包括 CAN-L 或 CAN-H 断路、CAN-L 或 CAN-H 对地短路、CAN-L 或 CAN-H 对电源短路、CAN-L 与 CAN-H 互短七种故障形式。诊断过程步骤如下：

1）确定车载网络中的哪个网络异常，为下一步诊断提供方向。

2）测量故障 CAN 网络的电压和电阻，判断哪个数值不正常。

3）测量方法如下：

① CAN 对地电压为 0V，说明 CAN 对地短路。断开模块的插接件后测量 CAN 对地的电压，若仍为 0V，说明模块内部无短路。断开 CAN 线束插接件，继续检查 CAN 线路对地短路点。

② CAN 对地电压为 12V，说明 CAN 对 12V 电源有短路现象。断开模块的插接件后测量 CAN 对地的电压，若仍为 12V，说明模块内部无短路。继续检查 CAN 线束是否有串电现象。

③未断开模块插接件，用万用表测量 CAN-H 与 CAN-L 之间的电阻，若为 120Ω，说明该 CAN 网络中另一个模块的终端电阻或线路有故障。先排除模块的终端电阻故障问题，若模块正常，则检查该网络断路故障。

④ CAN-H 与 CAN-L 之间的电阻接近 0Ω，说明 CAN 网络线路短路。先确认模块是否短路，若没有，则检查 CAN 网络之间的线束短路故障。

拓展阅读

随着汽车智能化和网联化的不断发展，车联网的定义也在不断扩展。车联网将不仅仅局限于车机（车载信息娱乐系统），更扩展到车身电子元器件的在线化、车辆 ECU 的联网化，即实现整车的数字化和在线化，并且以车内网、车际网和车载移动互联网为基础，实现车与云端、车与人、车与车、车与路等的互联，促进自动驾驶技术创新和应用，缓解交通拥堵，提升交通安全性。未来等到无人驾驶技术高度成熟，车联网和无人驾驶技术融合，将产生全新的业态，即无人车出行服务，服务体验将得到最大限度的发展和最多场景的应用，成为智能交通的重要一环。

如果说现在的车联网解决的是用户的使用痛点，主要弥补与手机等消费电子间的体验差距，那么在未来，车联网将助力车辆实现全面的智能化，大大改善用户的出行生活体验。总体来看，车联网功能呈现几大趋势：整车硬件的联网化、用车服务的线上化、服务方式的多样化、助力无人驾驶技术发展。

1）整车硬件的联网化。汽车电子电气系统正逐渐向集中式架构体系发展，未来的每一台汽车都将像一台智能手机，对应的也是应用软件、操作系统、芯片层、硬件层。应用软件可以基于唯一的操作系统和计算芯片开发，通过统一集中的 ECU，控制多个硬件。汽车软件控制将更高效，并能像手机一样，实现 OTA 升级，从而实现对控制软件的持续优化，不断改善硬件性能体验。

2）用车服务的线上化。整车数字化时代的车联网，将极大地提高汽车用车服务的质量。线下付费的用车场景都将实现线上化，汽车的实时车况可以通过云端传输给服务商，车况的透明化将助力服务商为用户提供一系列主动式的服务，如代驾、停车、加油、违章查询代缴、充电桩收费、上门保养、上门洗车、基于使用量（UBI）保险等。这时候汽车成为流量出口，服务商有动力推销服务，线上高效快捷的服务体验也将吸引用户，从而大大促进用车服务的效率。

3）服务方式的多样化。整车数字化时代，每辆车的所有车况信息都可以在云端对应一个 ID。通过 ID 的统一管理和适配开发，车联网功能将不局限于车机这一交互渠道，可拓展到手机 App、微信小程序、智能穿戴设备、智能家居设备等多个交互设备，将极大地丰富用户的用车体验，延长人车交互的频率和时间，改善交互体验和用车体验。另外通过分拆车联网功能，把有些对网速或运算能力要求高的功能分拆至车外如手机 App、智能穿戴设备等（但车机上应有的功能如导航等必须保留），这样就对车载车联网硬件要求降低，从而覆盖更多的低端车型。通过大数据积累自学习，实现千人千面的交互服务方式。

4）助力无人驾驶技术发展。随着整车联网能力的增强、智慧城市基础设施的进一步发展，自动驾驶感知和决策功能将从车上转移至道路基础设施，有助于单车成本下降，并且能通过区域内集中控制实现所有车辆的自动驾驶，提升交通效率与安全性。自动驾驶功能的商业模式也将有极大的创新应用，因为整车硬件的功能都可以通过云端开启关闭，同一个车型可以拥有一样的硬件，但通过软件限制区分不同的配置，允许用户在购车之后，再通过付费开启车上的硬件功能，使得"免费试用"的模式成为可能。这样既可以实现对消费者的推销，又能反向促进车企提供能足够吸引用户的自动驾驶软件体验。

党的二十大报告指出，坚持把发展经济的着力点放在实体经济上，推进新型工业化，加快建设制造强国、质量强国、航天强国、交通强国、网络强国、数字中国。这为科技创新指明了未来方向，更指引我们在新时代的复兴之路上奋勇前行，勇做新时代科技创新的排头兵。作为一名数字智能技术工作者，我们应认识到核心技术、关键科技是要不来、买不到的，必须紧抓自研技术，牢牢掌握发展的主动权。在新时代，我们更要自觉成为建设数字中国的探索者，为实体经济的数字化转型和智能化升级提供新型支持。我们要把握住历史机遇，为中国的实体经济数字化转型和智能化升级贡献力量，助力中国产业攀上世界产业的高峰。

任务分组

学生任务分配表见表 7-2-1。

表 7-2-1 学生任务分配表

班级		组号		指导老师	
组长		学号			
组员角色分配					
信息员		学号			
操作员		学号			
记录员		学号			
安全员		学号			
任务分工					
（就组织讨论、工具准备、数据采集、数据记录、安全监督、成果展示等工作内容进行任务分工）					

工作计划

按照前面所了解的知识内容和小组内部讨论的结果，制定工作方案，落实各项工作负责人，如任务实施前的准备工作、实施中主要操作及协助支持工作、实施过程中相关要点及数据的记录工作等。

工作计划表

步骤	工作内容	负责人
1		
2		
3		
4		
5		
6		
7		
8		

进行决策

1）各组派代表阐述资料查询结果。

2）各组就各自的查询结果进行交流，并分享技巧。

3）教师对各组的计划方案进行点评。

4）各组长对组内成员进行任务分工，教师确认分工是否合理。

任务实施

引导问题 14

扫描二维码观看视频，了解比亚迪秦 EV 总线 CAN 的检测步骤，说说操作的要点。

_____

_____

CAN 总线的测量（秦 EV）

根据所学整车控制网络系统的相关知识，在比亚迪秦 EV 实车上完成 CAN 总线的检测，并完成实训工单的填写。

实训准备			
序号	设备及工具名称	数量	设备及工具是否完好
1	一体化集成工量具	1 套	□是　□否
2	三层工具车	1 辆	□是　□否
3	车内四件套	1 套	□是　□否
4	车外三件套	1 套	□是　□否
5	耐磨手套	若干	□是　□否
6	安全防护套装	1 套	□是　□否
7	警示牌	1 套	□是　□否
8	灭火器	1 套	□是　□否
9	万用表	1 套	□是　□否
10	万用接线盒	1 套	□是　□否
11	比亚迪秦 EV 整车	1 辆	□是　□否
质检意见	原因：		□是　□否

CAN 总线的测量（秦 EV）

CAN 总线的测量（秦 EV）			
序号	步骤	记录	完成情况
1	**准备工作** 检查耐磨手套有无破损，如有破损需进行更换 检查万用表外观有无破损，检查红黑表笔外观有无破损，连接万用表红黑表笔并调至电阻档，进行万用表校表 将车辆正确停放至工位，放置车轮挡块 规范铺设车内四件套 进入车内，踩下制动踏板，按下起动开关，降下驾驶位车窗，确认车辆状态，车辆下电 打开前舱盖，规范铺设车外三件套		已完成□ 未完成□

（续）

序号	步骤	记录	完成情况
2	**CAN 总线的测量** 断开低压蓄电池负极并使用绝缘胶带缠绕 将万用表红黑表笔连接红黑背插针，万用表调至电阻档 红黑背插针分别插入诊断口 G03-6 与 G03-14 端子，测量车辆 ESC 网终端电阻阻值，正常电阻值应为 60Ω 左右；若电阻值小于 1Ω，说明 ESC 网 CAN-H 与 CAN-L 存在短路故障；若电阻值为无穷大，说明 ESC 网 CAN-H 或 CAN-L 存在断路故障 红黑背插针分别插入诊断口 G03-12 与 G03-13 端子，测量车辆动力网终端电阻阻值，正常电阻值应为 60Ω 左右；若电阻值小于 1Ω，说明动力网 CAN-H 与 CAN-L 存在短路故障；若电阻值为无穷大，说明动力网 CAN-H 或 CAN-L 存在断路故障 红黑背插针分别插入诊断口 G03-1 与 G03-2 端子，测量车辆舒适网 1 终端电阻阻值，正常电阻值应为 60Ω 左右；若电阻值小于 1Ω，说明舒适网 1CAN-H 与 CAN-L 存在短路故障；若电阻值为无穷大，说明舒适网 1CAN-H 或 CAN-L 存在断路故障 红黑背插针分别插入诊断口 G03-3 与 G03-1 端子，测量车辆舒适网 2 终端电阻阻值，正常电阻值应为 60Ω 左右；若电阻值小于 1Ω，说明舒适网 2CAN-H 与 CAN-L 存在短路故障；若电阻值为无穷大，说明舒适网 2CAN-H 或 CAN-L 存在断路故障 拆除低压蓄电池负极绝缘胶带，安装低压蓄电池负极 车辆上电，将万用表调至电压档 黑表笔搭铁，红表笔连接红色背插针，分别测量诊断口端子 G03-6、G03-12、G03-1、G03-3 的电压，电压值都应该在 2.5~3.5V 黑表笔搭铁，红表笔连接红色背插针，分别测量诊断口端子 G03-14、G03-13、G03-2、G03-11 的电压，电压值都应该在 1.5~2.5V 车辆下电		已完成□ 未完成□
3	**实训现场 6S 整理** 规范拆除车外三件套，关闭前舱盖 规范拆除车内四件套 回收车轮挡块 清点工具，放回原位 进行场地 6S 工作		已完成□ 未完成□
总结提升			已完成□ 未完成□
质检意见	原因：		已完成□ 未完成□

📝 评价反馈

1）各组代表展示汇报 PPT，介绍任务的完成过程。

2）请以小组为单位，对各组的操作过程与操作结果进行自评和互评，并将结果填入综合评价表中的小组评价部分。

3）教师对学生工作过程与工作结果进行评价，并将评价结果填入综合评价表中的教师评价部分。

综合评价表

班级		组别		姓名		学号	
实训任务							
评价项目		评价标准				分值	得分
小组评价	计划决策	制定的工作方案合理可行，小组成员分工明确				10	
	任务实施	能够正确检查并设置实训工位				5	
		能够准备和规范使用工具设备				5	
		能够正确完成比亚迪秦 EV CAN 总线的测量				20	
		能够正确分析比亚迪秦 EV 车载网络结构				20	
		能够规范填写任务工单				10	
	任务达成	能按照工作方案操作，按计划完成工作任务				10	
	工作态度	认真严谨，积极主动，安全生产，文明施工				10	
	团队合作	小组组员积极配合、主动交流、协调工作				5	
	6S 管理	完成竣工检验、现场恢复				5	
		小计				100	
教师评价	实训纪律	不出现无故迟到、早退、旷课现象，不违反课堂纪律				10	
	方案实施	严格按照工作方案完成任务实施				20	
	团队协作	任务实施过程互相配合，协作度高				20	
	工作质量	能准确规范完成实训任务				20	
	工作规范	操作规范，三不落地，无意外事故发生				10	
	汇报展示	能准确表达，总结到位，改进措施可行				20	
		小计				100	
综合评分		小组评价分 ×50% + 教师评价分 ×50%					
总结与反思							
（如：学习过程中遇到什么问题→如何解决的 / 解决不了的原因→心得体会）							